筆尖上的成長

名師帶你讀作文

卷二 上

戴慶華　蔣文　編著

成長，一場奔赴夢想的較量*

戴慶華

生命永恆，萬物常新。

我們常常讚歎和敬佩那些像年輕人一樣英氣勃勃、畢生充滿朝氣與活力、矢志不渝地與自我較量、排開萬難著力奔赴夢想、擁抱成功的人。比如晉代的高僧法顯，他在六十二歲的時候，還徒步穿越塔克拉瑪干大沙漠，翻越高山峻嶺，無數次出生入死，前往千萬里之遙的佛國印度，追尋他心中始終燃燒著的為天下蒼生尋找精神支柱的神聖夢想。歷時十四年，最終完成宏願，為華夏民族帶來了巨大的精神財富。其艱苦卓絕、剛毅不屈之志，不由得讓我們肅然敬仰。再如近代著名國畫宗師黃賓虹先生，在他早已名揚天下，成果卓著的七十八歲高齡，依然孜孜不倦地變革畫風，銳意向中國文人畫的最高境界勇猛奮進，為中國山水畫作出了巨大的貢獻，其強大渾厚的精神力量和全力奔赴夢想的人生較量，可謂波瀾壯闊，氣壯河山，足令世人驚歎。然而人世間，像這樣的傑出之人畢竟只是少數，社會、國家和民族的夢想最後還是要靠正在成長起來的年輕人去承托和延續。

人的一生中，最美的時光，莫過於青春歲月。而青春之美，除了大自然賦予的容貌、稟賦和激情澎湃的精力之外，就是有一顆勤學上進、

---

*編按：本文原收入《筆尖上的成長（雲南省高中卷）》。

胸懷天下、奔赴夢想的心靈：純真執著、剛毅不屈，無所不在，無往不至。那些像法顯、黃賓虹等一樣為社會做出偉大成就的人，在其青春時代，都有一個不平凡的成長過程，抱定了人生的理想和宗旨，以千里之行始於足下的意念，邁開大步，朝著夢想的方向奔跑，不斷地接近夢想的領地。否則，他們何以在芸芸眾生中脫穎而出，隻身登上思想和藝術的高峰？這其中的緣由，我想全在於較量二字。青春時期，每個人都會有許多夢想，但如果缺失了較量的過程，所得到的恐怕只是一個夢，一個如海市蜃樓般縹緲的夢。

實現夢想，其實是一個較量的過程，沒有人會無緣無故地成功，也沒有人會無緣無故地失敗。這中間，無論明與暗、顯與潛，較量必定是不可少的。只是有些人堅持了下來，有些人則早早地繳械投降了。假如漂流荒島的魯濱遜不與自然較量，放棄了回家的夢想，肯定會早早被飢餓、疾病和野獸吞噬。如果司馬遷不和自己的屈辱、內心的極度痛苦較量，我們何以能夠看到「究天人之際，通古今之變，成一家之言的」偉大著作？蘇東坡可謂對這一點看得非常透徹。他在那篇著名的〈晁錯論〉中說：「古之立大事者，不惟有超世之才，亦必有堅忍不拔之志。昔禹之治水，鑿龍門，決大河而放之海。方其功之未成也，蓋亦有潰冒衝突可畏之患；惟能前知其當然，事至不懼，而徐為之圖，是以得至於成功。」如此入木三分的眼光，值得我們深思和踐行。就本人愚淺的理解來看，至少有三點，是我們必須面對和挑戰的。

較量之一，戰勝自我，找到自我。現實的誘惑總是以變幻莫測、千奇百怪的姿態朝我們湧來，時時刻刻準備淹沒我們，這是我們必須清醒意識到的潛在危險。我們無法改變現實，只有改變自我。就如洛克菲勒在給兒子的忠告中說：「我們無法左右風的方向，但我們可以調整風

帆。」我們要做的就是戰勝誘惑，找到自我，然後給自我一個夢想。「原來，人的靈魂不是不會改變，改變也不是毀滅，而是重生；靈魂的形狀不一定不會改變，它只是人的個性，而不是人的本性，褪去所有的浮華後，我仍是我。一個不同於你、不同於他、不同於任何一個人的我。我，行走在成長路上。」這是雲南省昭通第一中學的鐵宇丹同學在〈流年卻似磨刀石〉一文的感悟。或許戰勝自我是人一生都在努力做的事，但每戰勝一次，你就向前邁進了一大步。

較量之二，拒絕平庸，追求卓越。平庸有時候是由於沒有辦法選擇的環境造成的，並非我們不想卓越。如果你出身、生長的環境不佳，祖輩父母以及周圍人都忙於生計，每日所想都是些瑣屑小事，要想不平庸談何容易。故墨子說：「染於蒼則蒼，染於黃則黃，所以入者變，其色亦變，五入而以為五色矣。」這時候，唯有夢想和勤奮學習才能幫你走出困境。一九三〇年的一天，清華大學數學系主任熊慶來在《科學》雜誌上看到一篇論文，不禁拍案叫絕：「這個華羅庚是哪國留學生？」、「他在哪個大學教書？」，最後得知他竟是一個肢體有殘疾的普通人，一個櫃檯夥計。在震撼和驚喜之餘，毫不憂慮地將其調入清華大學，最後終於成就了他世界級數學大師的美譽。這近乎傳奇而不由質疑的故事告訴我們，夢想加勤奮，定能讓我們成就卓越的人生。我們不妨記住洛克菲勒給兒子的忠告：

我們這個世界就如同一座高山，當你父母生活在山頂時，注定你不會生活在山腳下，當你父母生活在山腳下，注定你不會生活在山頂上。在多數情況下，父母的位置決定你人生的起點。但這並不意味著，每個人的起點不同，其人生結果也不會發生變化。在這個世界上，永遠沒有窮富世襲之說，也永遠沒有成敗世襲之說，有的只是我奮鬥我成功的真

理，我堅信，我們的命運由我們決定，而絕非由我們的出身決定。

較量之三，剛毅執著，身體力行。夢想，無論大小長短，都要靠剛毅強大的內心來守護，戰勝重重困難，一路走下去才能實現。「現實和理想，中間隔著南牆。我們可以一次一次去撞南牆，但我們不能一個一個失去理想。」這是一位把自己戲稱為羅歪歪的高一女孩的堅守，十分令人欣賞。懷揣著美好的夢想，憧憬著絢麗的未來，年輕的學子們彷彿在我面前加速向前方的理想目標奔跑著，我想，那將是一場為命運和夢想而進行的較量，必定要付出熱情、智慧和執著的努力。就如昭通一中高二年級龔曉萌在文章中說的：「對於生活帶給我們創傷，有的只會任其感染，潰爛直至死亡；有的自暴自棄，結果只能平庸一生。只有主動應戰，不僅戰勝困難，療好創傷，還可能有意想不到的結果。」真心希望，我們的年輕一代，在奔赴夢想的道路上，走得更遠。

《筆尖上的成長——中國名校名師選評作文（雲南省高中卷）》即將出版，作為一名普通教研員，我真切地感謝華文出版社的老師們，給了我們的孩子這麼好的一個平臺，讓我們可以看見他們為夢想而較量的身影。尤其是身處祖國邊疆的雲南孩子們，有了這樣的一個平臺，他們或許可以用執著和自強不息的腳步，奔赴夢想。

根植生活，獨抒性靈*

　　呈現在您面前的，是《筆尖上的成長——中國名校名師選評作文（雲南省高中卷）》，這本由教研員和學校教師攜手編寫的作文書，可以說基本代表了近幾年來雲南省高中學生作文的最高水準，也是語文教育教學研究和教學實際相結合、相統一的一項嘗試，共同見證了雲南省的廣大師生領會貫徹新大綱和使用新課標教材進行作文教學的探索和成果。

　　所選文章，雖出自高中學生之手，然而可讀性很強，各具特色。他們關注社會，關注生活，仔細觀察，用心感受，都有一雙善於觀察發現的眼睛，一顆善於感受體驗的心靈，一個善於思考探索的大腦，一枝善於表現訴說的妙筆，展現在你面前的是花季少年們的一顆顆澄澈透明的心。表現形式也各有所長，或幽默或調侃，或輕鬆或凝重，或敘事或記人，或抒情或議論，都流暢自然，不滯不澀。當然，稚嫩之處，抑或存焉。

　　選文涵蓋了參賽佳作、高考優秀作文、高三模擬訓練之出類拔萃者，包括應試作文和自然作文，也均可資借鑒。

　　不同的寫作類型，要求自然也不一樣。

＊編按：本文原收入《筆尖上的成長（雲南省高中卷）》。

應試作文的束縛相對多一些，包括審題、選材、構思、表達、字數都得符合高考要求——所謂戴著鐐銬跳舞，但我們的考生，在緊張的高考考場上，在有限的時間裡，依然能自出機杼，錦心繡口，寫出審題準確、選材得當、構思精巧、表達流暢、有思想、有文化、有文采的考場佳作，實屬不易。

參賽作文或者稱自然作文，束縛較少，更能展現學生的思想與才華。參賽作文不等於中考、高考的應試作文。

現在的應試作文、套路作文，充斥著「文藝腔」，偽抒情，華麗的空話大話，無務實親切之感，一大串的排比句，預先擬購作文多——確實是問題多多，形勢嚴峻。

不說全國中學生作文大賽是專為匡正高考作文之失，起碼也不能把參賽作文當成應試作文來寫。要有一定的厚度，不僅是思想的厚度，更主要是內容的厚度。

要說真話，抒真情。

應試作文有應試作文的評價標準，應試作文是戴著鐐銬跳舞，限制較多，你只要滿足相關條件，就可得高分乃至於滿分。競賽作文也有自己的評價標準。競賽作文是一種「自然作文」（北京大學孔慶東語），寫文章的目的在於表情達意——抒發自己的真實情感，闡述自己的真實想法——文章以真理服人、真情動人，不能打動自己，焉能動人？高考作文偽抒情氾濫，多情而無真情，敘事而無細節，議論而無對論據的分析。高考作文的「偽抒情」和空話、假話、套話、大話在競賽作文中沒有市場；情感就是假的，文字再漂亮，也不過是掩蓋死魚臭味的濃醺作料罷了。優秀的競賽作文，一定要寫出自己真實的體驗、感悟和思考。自然作文就應該是真誠的表達，通暢的表達，抒發真感情、表達真思

想、反映真知識。哪怕你的語言稍微差點，評委也能被你的真情打動。

最後，要體現地域特色。

雲南作為邊疆少數民族地區，地域特色非常突出。藝術界裡有句名言：越是民族的，越是世界的。你拿什麼去和北京、上海等大都市的同齡人競爭？一定要凸顯我們的地域特色。

所選文章，每文後附一教師評語。所下評語，試圖對文章特色有所揭示，力求結合教材寫作要求，並就文章作具體分析，以期能引導學生更好地鑑賞文章，從中得到收益與啟示，並昭示後學，提供範例。形象大於思想，作者未必然，讀者未必不然，見仁見智，實難求同，各有自己的林黛玉和哈姆萊特，只是貢獻評點者的一己之得，不足之處，尚請各位同行指正。

此書之編，得到了各地州市教研員和老師們的大力支持，他們或紛紛與學校聯繫，搜求稿件，或多方打聽同學的情況，收集同學的信息等等，所以能得到許多優秀的作文，離不開他們的辛苦勞動。本書的原則、體例、結構和稿件的選用等也都是經過集體討論後確定下來的，因收齊書稿的時間較晚，致使本書的編寫和各章節的寫作指導顯得有些倉促，錯漏之處還請讀者諒解。另外各位指導老師也辛勤付出，其敬業精神，令人感佩良深。

衷心希望今後還有這樣的機會，把雲南學生的優秀文章介紹給全國的讀者，實為學生之幸，教師之幸。

2013 年 12 月

Contents 目錄

CHAPTER 01

材料作文的約束與期待

CHAPTER 04

學習經典

CHAPTER

05

作文新思維

CHAPTER

06

描寫的絢麗多姿

CHAPTER

07

情景關係

CHAPTER 08

作文的起承轉合

CHAPTER **01**

材料作文的
約束與期待

約束與期待
——材料作文如何審題

蔣　文

　　自二〇〇六年高考全國大綱卷、二〇〇七年課標卷（或稱寧海卷）開始把話題作文改為材料作文，迄今已八年了。雖然雲南省從二〇一二年才進入課標卷，但作文的命題式樣與之前的大綱卷毫無二致。按理說在作文審題方面應該不會有太大問題，可事實上每年高考閱卷從考生的作文來看，問題還是相當嚴重。

　　存在的主要問題是不能完整理解材料最根本的意義指向，亦即不能整體把握材料的主旨，或讀不懂材料，隨便從材料中找一個所謂的關鍵字，就成為立意的角度，沒能從中心角度立意，直接影響得分。

　　二〇一三年高考作文題的一段材料中，所有加粗的都是考生選擇的所謂關鍵字：

　　高中學習階段，你一定在班集體裡度過了美好的時光，收穫了深厚的情誼，同窗共讀，互相幫助，彼此激勵，即便是一次不愉快的爭執，都給你留下難忘的記憶，伴你走向成熟。

　　某機構就「同學關係」問題在幾所學校作了一次調查。結果顯示，百分之六十的人表示滿意，百分之三十六的人認為一般，百分之四的人覺得不滿意。

　　如果同學關係緊張，原因是什麼？有人認為是自我意識過強，有人

認為是志趣、性格不合，也有人認為源於競爭激烈等等。

對於增進同學間的友好關係，營造和諧氛圍，百分之七十二的人表示非常有信心，他們認為互相尊重，理解和包容，遇事多為他人著想，關係就會更加融洽。

於是，就有拋開材料談「競爭激烈，適者生存」、「志趣相投」、「尊重生命」、「合作造就成功」、「和諧的氛圍需要自信來打造」、「和諧社會需要思想」、「自信」、「仁者見仁，智者見智」、「師恩難忘」、「永不言棄」、「責任」等，都屬偏題。

從教育部考試命題中心規定的等級評分標準可以看出，審題立意是材料作文最為首要和最為關鍵的一步。審題準與不準，等次得分差異較大。而且，雲南省制定的評分細則規定：內容打到四等的，表達和特徵打分不能超過三等。也就是說，只要內容偏離題意，打到五分，那麼這篇文章的最後得分就是二十五分，即內容五分，表達十分，特徵十分。而這種審題不准偏離題意的情況，每年高考真是不乏其人，成千上萬。由此可見，準確審題，已經成為高考作文得高分的首要條件──審題準確未必能得高分，但得高分的一定是審題準確的。

作文等級評分標準

基礎等級

內容二十分

一等（16─20分）

符合題意

中心突出

內容充實

思想健康

感情真摯

二等（11─15分）

符合題意

中心明確

內容較充實

思想健康

感情真實

三等（6—10分）

基本符合題意

中心基本明確

內容單薄

思想基本健康

感情基本真實

四等（0—5分）

偏離題意

中心不明確

內容不當

思想不健康

感情虛假

　　二○○八年以前，一等的評分標準是「切合題意」，二等為「符合題意」，二○○八年把一等改成了「符合題意」。同樣是「符合題意」，為什麼會跨越兩個等次，有九分的差異呢？事實上，閱卷老師在掌握標準時，心中是有秤稱的：一等的必須是中心角度，二等的是重要角度。比如二○一二年油漆工補漏洞的材料，從油漆工角度呼籲道德責任，這就是一等的中心角度；如果從船主的角度寫感恩，那就只能打到二等。

　　如何審題及確定中心角度？

　　北京師範大學王泉根教授說：一個好的高考作文命題，既要體現社會文化對這代人（考生）的約束，也同時包含了對他們的期待。每當學

生拿到一個高考作文題目，閱讀材料時，首先要有這樣的意識：這個材料要求我們做什麼（期待）？不讓我們做什麼（約束）？只有這樣，才能準確把握命題意圖，確立中心角度。

　　整體把握材料，領會命題意圖，找準中心角度，瞄準「十環」，命中「靶心」。材料作文的審題，還是要強調讀出材料所蘊涵的最根本的主旨或者是最根本的意義指向，要揣摩命題者的命題意圖：命題者為什麼要擬定這樣一道題？這個題目對我們有什麼約束？有什麼期待？這段材料的目的何在？正如《伊索寓言》每個故事結束時，作者都有這樣一句話：這個故事告訴我們……這就是中心角度。

　　不管材料有多少角度，其中必然只有一個是中心角度。根據上面所列舉的評分標準，雖然一等、二等都是「符合題意」，但在實際操作中還是有區別的。實際操作中到底是一等（16—20分檔次），還是二等（11—15分檔次），就看你是「切合題意」還是「符合題意」了。

　　偏離題意的考生的共性特點，就是從材料中隨便找一個詞，就成為文章立意的角度。或許一些老師在指導學生寫材料作文的時候，自己認識也模糊，也沒弄明白材料作文該如何審題。

　　以二〇一一年高考題為例，作一分析。先看材料：

　　二〇一〇年九月十二日，北京一家體育彩票專賣店的業主為某彩民墊資購買了一張一千零二十四元的複試足球彩票，第二天他得知這張彩票中了五百三十三萬元大獎，在第一時間給購買者打電話，並把中獎彩票交給買主，他成為又一位彩票銷售「最誠信的業主」。

　　有人據此在互聯網上設計了一項調查：「假如你墊資代買的中了五百萬元大獎的彩票在你手裡，你怎麼做？」調查引來十六萬人次的點擊，結果顯示，有百分之二十九點九的人選擇「通過協商協議兩家對半平分」；有百分之二十八點一的人選擇「把五百萬元留給自己」；有百分之二十二點一的人選擇「把五百萬元給對方」；還有百分之十九點九的

人沒做選擇。

　　相當多的人把寫作立意定位為「選擇」，拋開材料，空談選擇，什麼司馬遷的選擇、蘇東坡的選擇、陶淵明的選擇⋯⋯都是古今中外名人的選擇。因為材料中共出現了四次「選擇」這個詞，記得當年高考閱卷討論標準時，就有老師認為寫選擇是中心角度，從材料文字容量來說，最後一段字數都要超過第一段。從命題者的命題意圖而言，最後一段恰恰說明了社會問題之嚴峻，那麼多的人的選擇都與社會主流文化的價值取向相悖，更襯托出誠信業主的可貴。

　　二〇一〇年昆明市第一次統測題：

　　在森林裡，獅子和老虎相互聞名很久，但從未謀面。關於它倆誰是獸中之王，動物們看法不一，爭論不止。有的推崇獅子，有的推崇老虎。獅子和老虎私下裡也都憋足了勁，準備有朝一日相遇時一論高下。

　　有一天，獅子溜達時，聞到美味的氣息，尋香而去，只見前方地上有一頭奄奄一息的小鹿。獅子大喜，正要過去，卻又停下腳步，因為它看見另一個方向，一個龐然大物也在靠近那頭鹿，獅子意識到那是老虎。老虎似乎也看見了獅子，馬上停在那兒，也不往前走了。

　　獅子想了想，最終轉身離去。

　　幾天後，獅子再次路過那個地方，那頭鹿還在，一隻禿鷲吃得正香⋯⋯

　　如果把「勇於亮劍」作為中心角度，殊為不妥。

　　最根本的意義指向（中心角度）：面對誘惑，理性選擇退則兩利，鬥則兩敗。

　　認真研讀材料，確定敘述主體，揣摩作者意圖，也就不難找到中心角度了。就如獅虎相遇，如果理解為勇於亮劍，那麼就是鼓勵人們為了不相干的一點小利拔刀相向，最後必有一傷或兩敗俱傷甚至於兩敗俱死，這怎麼能代表社會主流文化的價值取向呢？

包括一些老師，依然存在一種錯誤的認識：淡化審題。高考是選拔性考試，是戴著鐐銬在跳舞，是在有所限制中來考查篩選考生。考生是在有所限制中展現自己的才華。否則，不管怎麼寫都算符合題意，如何控制評分誤差？如何區分等次？真正的淡化審題，那是命題者考慮的事——命題時降低審題難度，而不是考生寫作時自己來淡化。因此，寫材料作文，不僅不能淡化審題，反而應該加強，尤其是高三復習階段，審題應該作為作文訓練中的重中之重。選擇一些能夠訓練思維能力、審題難度適中、比較具有命題傾向性的審題材料給學生強化訓練。但關鍵還是要告訴學生，沒有淡化審題之說，也不能隨便找個關鍵字就作為審題立意的角度——這才是最重要的。

閱讀下面的文字，根據要求寫一篇不少於八百字的文章。

　　有人將五隻猴子放在一隻籠子裡，並在籠子中間吊上一串香蕉，只要有猴子伸手去拿香蕉，就用高壓水教訓所有的猴子，直到沒有一隻猴子再敢動手。然後用一隻新猴子替換出籠子裡的一隻猴子，新來的猴子不知這裡的「規矩」，竟伸出上肢去拿香蕉，結果觸怒了原來籠子裡的四隻猴子，於是它們代替人執行懲罰任務，把新來的猴子暴打一頓，直到它服從這裡的「規矩」為止。試驗人員如此不斷地將最初經歷過高壓水懲戒的猴子換出來，最後籠子裡的猴子全是新的，但沒有一隻猴子再敢去碰香蕉。

　　要求選準角度，明確立意，自選文體，自擬標題；不要脫離材料內容及含義的範圍作文，不要套作，不得抄襲。

變　軌

王子元

雲南師範大學附屬中學二〇一二屆

（雲南省高考文科總分狀元，現就讀於清華大學）

猴群因屢受高壓水的教訓而再也不敢去碰香蕉，這是科學實驗，更是一則寓言。如同這群猴子，人類社會也總因既定規矩的限定而進入某一軌道，並在這條路上越走越深。

中國的封建社會存在了兩千多年，自秦始皇登基的那天起，中央集權就不斷得到鞏固：從漢代削藩，到唐代設三省六部；從宋代設參知政事以割相權，到明代罷丞相而立內閣。步入封建軌道的中國社會不斷強化專制，而千百年來，忠君思想控制下的中國人也習慣了依賴封建的路徑前進，幾乎從未產生偏軌的想法。

雍正年間，軍機處的設立使中央集權達到頂峰。但物極必反，工業革命的汽笛聲在西方響起，資本主義浪潮湧向中國。被堅船利炮打醒的人們，開始還沿著「聽天由命」的舊思維，期待天子能帶領自己走向一條新路。可在舊軌道上的車廂裡享受慣了的皇親國戚怎能願意擺脫對這條路的依賴？於是，拒絕繼續在「法令出一」、「天下為家」的環境下生存的人們，選擇用革命的方法將社會的列車強行調向另一條軌道共和。辛亥革命以暴力方式讓中國擺脫了對封建制度的路徑依賴，實現了社會的變軌。

然而，並非一切路徑依賴都是一種惡性循環。如果實驗中，籠裡的猴子開始受到的馴化，是團結協作就可取到高掛的香蕉，那麼

日復一日，它們習慣的就是合作而非互相懲罰。聞一多在〈五四斷想〉中寫道：「舊的悠悠退去，新的悠悠上來，一個跟一個，不慌不忙，那天歷史走上了演化的常軌，就不再需要變態的革命了。」而共和制可以讓社會悠悠演化，大多數人這般認為。雖說在封建軌道上旋轉了兩千多年的車輪變軌到共和軌道上的時日剛滿百年，對這條新路並未完全適應，但只要這條路能引導社會的列車在拐彎處平和變軌，而無需血與火的鬥爭，它便是一條值得我們依賴的路徑。

比起一個龐大的社會，我們自身要幸運得多，因為改變自己從不需要通過暴力打倒自己。我們要做的，是讓自身的軌道儘量與時代的軌道保持一致。在追求人文主義的十九世紀，伊莎朵拉·鄧肯沿著自然、自由之路，從貧家女成長為世人景仰的現代舞大師；在追求效率的今天，戴爾沿著直銷之路，從一名送報員成長為一家全球領先的電腦公司的創始人。如果原來的道路已使自己處處受限，難以在快速發展的社會中行進，那麼，變軌到一條能使自身良性迴圈的路徑，無疑是一個尊重自身成長的選擇。

「世無一成不變之法」，如何變軌，變到什麼樣的軌上，值得我們仔細思索。找到最適合自身的軌道，從而利用路徑依賴的積極效應，實現長久的安樂平和，或許是我們對社會和對自己最美好的祝願。

此文從中國歷史發展的角度談路徑依賴與社會變革。作者對歷史材料相對熟悉，抓住中國歷史發展中幾個重要的時期作為典型論據，由古及今，熔古今為一爐，闡釋了作者關於社會發展於「不變」中求「變」的「變軌」觀點。觀點鮮明，材料詳實，論述得當，入題較快，一針見血。

蔣　文

走不出的「慣性魔咒」

杜宛忻宜

雲南師範大學附屬中學二〇一二屆
（雲南省高考語文單科狀元，現就讀於清華大學）

二〇一一年一月一日凌晨，當整座北京城都在迎接新年的時候，有不知多少人蹲守在電腦前，填報申請表，註冊手機號，徹夜等待派發驗證碼——這一天，是北京「機動車上牌指標」搖號申請開始的日子。被堵車糾纏到忍無可忍的北京終於決定大刀闊斧地進行機動車購買限制。

堵車，對於北京來說，成了積重難返的病症。只因依賴過大，慣性也隨之不斷膨脹。由此一來，堵車變成了一個走不出的「慣性魔咒」，城市的交通像是受過詛咒一般，八車道的馬路上全是怨氣。

是什麼樣的慣性催生了人們「寧願堵在自己的車上，也不堵在公共交通工具上」的想法？到底是我們對私家車真的有依賴，還是我們在不知不覺中因為一些連自己也無法說服的理由而強化了這樣一種原本並不顯然的依賴？我才知道原來我們並不善於思考，甚至是拒絕思考，就像是鐵籠裡的猴子永遠不再會去嘗試向那串香蕉伸手，甚至對那些不知規矩的猴子拳腳相向一樣。於是我們自己承受惡果，自己堵在路上，一邊抱怨，一邊買車。

困境面前若是只有抱怨，我們的所有行為都只會演變成自我懲罰，從「欲速則不達」演變為「我走不了，你也別想走」，好像那些猴子，不能同甘，唯有共苦。

而我們中的大多數人，竟甘於如此而已！正如籠子裡的猴子除了暴打新來的猴子之外，從沒有別的舉動，當面臨堵車的時候，我們想到的，竟唯有拓寬道路。於是我們不斷修路，不斷買車，不斷堵車，我們一邊抱怨一邊開車上路，就如同考試失利的學生一邊流淚一邊打開電腦遊戲的視窗。我們走不出「慣性的魔咒」，只因我們原就在不斷強化這個魔咒。

　　哪怕是關在籠子裡的猴子全都沒有受過高壓水槍的威脅，也早已習慣於看著近在咫尺的香蕉發呆而不作為，於是一種更加恐怖的心理自此產生，叫作「麻木」。我們甚至都不會發現，我們連憤怒都消失了，只留下一聲歎息。於是在堵車的道路上睡著了的司機層出不窮，被員警叫醒的時候也不過赧然一笑而已——真的是累到了不再抱怨的地步，只怕就再也不會想起還有「解決問題」一說了。

　　我不知道「堵車」算不算是現代城市最無奈的病症，但無奈又何止是堵車而已？我們什麼時候變成了橡皮人，變成了「無痛、無夢、無趣」的「三無」人員，什麼時候習慣了問題，習慣了不再解決問題，習慣了連問題的出現都不以為然？到底是我們生活的「慣性」太大，還是我們甚至開始放縱這樣的慣性，甚至依賴慣性，依賴慣性帶來的理由，帶來的麻木？

　　偶然看見一個統計：現在北京市市民公交出行率為百分之四十，而發達國家這一比例達到百分之七十。

　　原來我們走不出慣性的魔咒，不過因為不願走出而已。

　　這是一篇高考模擬材料作文。文章從「慣性依賴」的角度立論，從北京的限購機動車切入，以小見大，進而論述了民族的惰性文化心理。既切合題意，又立論深刻，表現了作者對社會問題的關注與思考。觀點鮮明，內容充實。

駕馭語言能力較強，語言清新自然，一拋當下高考作文中盛行的「偽抒情」、「偽文采」之風，於平實中見功力，雖為議論性文章，然頗具可讀性。

蔣　文

閱讀下面文字，根據要求作文。

歌手張明敏曾唱過一首〈中華民族〉的歌曲，歌詞是：「青海的草原，一眼看不完。喜馬拉雅山，峰峰相連到天邊。古聖和先賢，在這裡建家園。風吹雨打中，聳立五千年。中華民族，中華民族！經得起考驗，只要黃河長江的水不斷。

中華民族，中華民族！千秋萬代，直到永遠。」請以「中華民族，中華民族！」為題，寫一篇一千字左右的文章。

中華民族，中華民族！

朱明嬋

雲南省曲靖第一中學

（現就讀於北京大學）

　　仲夏，北京，故宮。

　　畢竟是旅遊勝地，夏日的酷暑也無法擋住絡繹不絕的人群。我站在這兒，身旁高樓聳立，汽車穿梭。今日的北京洋溢著現代大都市的氣息，繁榮而充滿活力。

　　唯有兩根潔白的圖騰柱，在一片喧囂中默然肅立。它們見證了太多太多的往事與情懷，歷經了這個民族多年的榮辱興衰。圖騰柱後的城門洞開，彷彿一條隧道，通向中華民族悠長悠長的過往——它們，以一種凝重而冷靜的姿態存在。

　　一種歷史的沉重感瞬間將我擊倒。來到故宮，總有一些說不清的情緒讓我無語凝噎。離開喧鬧的人群，一個人靜靜地走在偏僻的通道上。高高的宮牆，朱漆有些剝落；牆角不知什麼時候竄出一些野草，在風中搖曳，有著說不出的蕭條意味；漢白玉的欄杆泛著微黃，輕輕摸去，那麼輕易地就觸摸到了歷史的溫度。

　　聽，耳邊是曾經的鶯歌燕舞；看，身旁是曾經的歌舞昇平。時光彷彿在這片古老的土地上停滯，永遠是秦時的明月、漢時的關。中華文明，是一個個精緻典雅的意象：一間書房，翠竹環繞，屋內置幾方硯臺，掛一把劍，一架琴。一位飄飄欲仙的白衣書生，素手執筆，畫煙雨迷蒙的山水，吟幾句「楊柳岸曉風殘月」……中華民

族，曾經有過登峰造極的農業文明，無論王朝如何更替，戰亂如何嚴重，都以其博大和堅韌薪火相傳，生生不息。

時光急劇向後推移，太陽一點點西沉，烏雲彙聚。風漸起，帶著山雨欲來的味道，空氣中彷彿有一種苦澀在蕩漾。啪，啪，是什麼，腳步聲嗎？不，不，是槍聲，侵略者的鐵蹄已踏到這宮牆之下！四處是驚恐四散的人群，男人的呼喊，女人的低泣，時而夾雜著嬰孩驚恐的啼哭。槍炮聲中，成千上萬的生命如風中搖曳的燭火，黯淡熄滅。

曾經雄踞世界之巔的民族，頃刻間從九天之上墜入塵埃。傳統與現代一次次撕扯著她的血肉，直至鮮血淋淋；農業文明與工業文明的角逐讓她彷徨突圍，一次次撞得頭破血流；她向著光明之路艱難前行，一次次掙扎在復興與沉淪的邊緣……

傳送戰報的馬蹄聲不時叩開宮門，那寫滿了屈辱與血淚的「城下之盟」讓紫禁城心痛戰慄。紫禁城的磚瓦啊，你太陳舊，太陳舊，再也無力托起中華民族挺立的希望；紫禁城的大殿啊，你太空曠，太空曠，再也無法掩飾中華民族衰敗的悲愴。

一種大廈將傾的恐懼感向我壓來，長長的通道上空無一人，我啪啪啪的腳步聲驀地備顯倉皇。一九二四年，末代皇帝以更加倉皇的腳步，黯然離去。從此，紫禁城，將被遺忘在角落裡，孤獨地咀嚼著往事。

這一天，來得實在太遲，太艱辛。不知有多少先行者，他們痛苦探索，即使被荊棘刺得體無完膚，也要拓出前途。不知有多少理想者，他們微笑著走向死亡，一次次用鮮血與忠誠實踐誓言。更不知有多少思想者，他們用厚重之手驅散黑暗，點燃光明，指引著中華民族執著前行。是他們，重鑄了一個民族骨骼中最堅韌的民族之魂。它在一場五千年未曾有過的大災難中冉冉上陞，終於上陞為可以灼傷一切的太陽。

於是，一個幾千年面朝黃土背朝天的民族，她的人民第一次可以挺起胸膛，以一個響噹噹的「人」的身份站立；於是，一個誦了幾千年《四書》、《五經》的民族，第一次勇敢而堅定地實踐著民主平等的真義；於是，一個飽受踐蹋、任人宰割的民族，第一次讓世界懂得如何尊重自己；於是，一個因循守舊、故步自封的民族，第一次用最強大的力量解剖自己，重塑自己，恰如鳳凰涅槃，浴血重生，擁有了全新的創造力與全新的可能性。

中華民族，中華民族！

猛一回過神來，長長的通道已走到了盡頭。出去便是御花園，便是神武門，便是景山。沿著這條中軸線向北，向北，便是夢幻般的鳥巢和水立方，它們展示著中國絢爛的今天，也指引著更加輝煌的明天。

我不禁長長地舒了一口氣。一個下午的漫步，我彷彿在歷史的長河中回視過去，第一次思考了如此沉重而嚴肅的話題。平日裡，坐在明亮的窗邊埋頭於題海，周末約幾個朋友看一場纏綿悱惻的電影。盛世裡，我們享受著先輩創造的巨大的物質財富，失去了不顧一切向前衝的勇氣。我們沉溺在自己狹隘的情感之中，糾纏於所謂「明媚的憂傷」，托著下巴故作深沉。不禁要問：我們繼承了多少中華民族的精神，思考過多少祖國的前途與命運？我們究竟有沒有一種誠摯的責任感，有沒有一副堅強得足以撐起民族明天的脊樑？

唯願，我們能將「中華」兩個莊嚴的大字銘刻於心，將中華民族之魂融入血脈。讓那種沉穩與堅毅激蕩，讓那種自信與奉獻燃燒。

我們，都是中華民族的傳人。

（本文獲二○○八年第四屆「恒源祥文學之星」中學生作文大賽國家級一等獎）

「中華民族」是一個大題，如何表現是行文的難點。而作者巧妙地從北京故宮切入，大題小做，化難為易，顯現了構思的精巧。文筆老道，內容充實，意蘊深刻，充滿了濃烈的民族情感與積極上進的精神，實屬難能可貴。

陳　彪

中華民族，中華民族！

宋佳駿

雲南省曲靖第一中學

（現就讀於北京大學）

　　噫！余為文也久，所見文題可謂多矣！然舉凡得深遠廣博之要義者，此當推第一！夫「中華民族」四字者，乃我泱泱中華立身之根本也。無此民族認同感，則國必不能昌；況我中華民族綿延五千載而不絕，亦因有此認同感也。故此四字，雖點墨為之，實有千斤之重，豈數言便能道盡哉？

　　余覽此文題，不能釋懷良久，蓋「心有靈犀」也。然余胸中雖有千言，命筆復覺躊躇。何也？蓋因悠悠五千載之中華文明，乃吾「生命不能承受之重」也。然錦繡河山尚在夢縈，華夏圖騰復入吾心。余因截決為之，述華夏五千年之歷史文明，管中窺豹，欲見中華民族之一般。覽此文者若能因之而生民族自豪感，則吾願足矣！

　　——序

　　噫吁兮，洋洋美乎哉！吾中華民族，悠悠五千載，如一江春水，滾滾而來！

　　「鴻蒙初闢，亂世方出；英雄揮劍，八方臣服。」此非上古先秦之事乎？有詞〈踏莎行〉歟曰：

　　「盤古開天，女媧搏土，昔年煉石補天處。堯天舜日九州歡，禹過家門何曾入？」

　　「千里烽火，一笑傾國，諸侯中原競逐鹿。戰國風煙皆散盡，

江山一統起宏圖！」

　　堯舜義舉，開公天下之先河；褒姒一笑，燃百年不息之烽火。寥寥數語，豈能道盡千年故事？我中華民族，歷千年之磨難與拼搏，由此堅實起步！

　　由秦入漢，開華夏四百年無事之秋。然則「合久必分」，自三國延至魏晉南北朝，干戈何曾一日止息？有詞〈永遇樂〉歎曰：

　　「揭竿而起，斬木為兵，王朝末路。金臺一將，四面楚歌，迷離烏江渡。千古一對，兩漢興衰，三分華夏宏圖。怎奈何，天險成空，紛紛劍門暗度！」

　　「昔年司馬，舊時王謝，怎知離亂辛苦？宋齊梁陳，終亦難免，門外樓頭辱。堪羨當年，揚州路上，處處鶯歌燕舞。卻來問：有此好頭，能來斫手？」

　　此間數百年，固多事之秋。然「亂世英雄起四方」，曹孟德之志在千里，諸葛孔明之神機妙算，謝安之指點江山，劉裕之壯心不已，皆已永載華夏文明史冊，與日月爭輝。觀此數百年間，吾中華民族之所以成長不息者，豈非斯人之力哉？

　　腳步沉穩堅定，聲音激昂鏗鏘，此非唐宋乎？有詞〈念奴嬌〉歎曰：

　　「塵埃落定，此間是，盛唐絲綢之路。錦繡長安，方佇立，輝煌大明宮闕。千古一帝，萬世高僧，同會西天府。群星璀璨，詩壇豈獨李杜？」

　　「遙憶兩宋百年，伴大江東去，詞客頻出。『月迷津渡』，『照無眠』，『一片神鴉社鼓』。星移斗轉，飛絮濛濛中，流年暗度。至今猶憶，一代唐宗宋祖！」

　　雄哉！盛唐！此乃我中華民族國力極盛之時，亦我中華思想文化登峰造極之際。余秋雨有言：「我們的民族總算擁有這樣一個朝代，能駕馭如此瑰麗的色流，而竟能指揮若定。」美哉斯言！夢回

盛唐，我們瞻仰無比強大的中華民族！

古訓曰：「人無千日好，花無百日紅。」此於民族亦然。唐宋後數百年真乃吾中華民族之衰世也，其中以滿清末造之屈辱為最甚，而余最不忍視也！有詞〈浪淘沙〉歎曰：

「樓外炮聲連，硝煙亭邊。天朝夢醒淚漣漣。起視四境心驚悸，遍地狼煙！」

「往夕最纏綿，無限江山。忍將臺灣付馬關。紅雲泣血簫聲咽，祭圓明園！」

此段血淚史，余久已目不忍視。然於今思之，吾中華民族之涅槃，非歷此不能成也！血淚之後，乃有譚嗣同之大義凜然，乃有魯迅之驚天 喊，乃有共產黨人星火燎原……「物極必反，否極泰來」，屈辱之後，正是復興！我巍巍中華，正再次覺醒！

問今是何世？早已「含露春風今又是，換了人間」。當此際，百家爭鳴，百花齊放，吾中華之國力，日益增強！然此時偏有天災降臨。「不知何處起風煙，一夜國人盡望川。」汶川地震，震醒了日漸沉醉的國人。於是，當「雲橫巴蜀家何在，路斷汶川馬不前」時，人民子弟兵日夜奮戰，打通道路，搶救傷患；於是，無數捐款向汶川，無數物資向汶川，無數援手向汶川；於是，親情不朽，友情不朽，愛情不朽，師生情更不朽！「多難興邦」，我中華民族以前所未有之團結，勇鬥天災，歷難彌堅，在復興之路上勇往直前！

君知否？歷難彌堅，越挫越勇正是中華民族精神之真諦！

因為她，中華民族歷五千年之風霜而彌新，綿延不絕，生生不息！

因為她，中華民族堅強不屈，共禦外辱，終獲民族解放！

因為她，中華民族萬眾一心，勇鬥天災，堅信「多難興邦」！

中華民族！中華民族！永不放棄，永不屈服！

世界在仰望東方，因為——一個民族已經起來！

（本文獲二○○八年第四屆「恒源祥文學之星」中學生作文大賽省級一等獎）

化大為小，從小處著眼——這是平時語文老師常掛在嘴邊的作文指導語言。如果學生真能駕馭一個大題目，縱橫捭闔，並且用一首首詞串起一篇文章，喚起一段一段複雜的歷史時，做老師的內心湧起的一定是欣喜、讚歎！本文就是這樣。選擇了一個人人避之的大題目，選擇了很多學生都不能運用的文言，詞的語言形式，洋洋灑灑。足見該生的語言符號學之深厚，駕馭語言的能力之強。

安少梅

給孤獨塗上一抹色彩

龔楷迪

雲南師範大學附屬中學二〇一五屆

也不知緣由，心頭突然現出了家鄉滇中小城那條靜僻的街道——很久不曾走過了。

記憶的畫面裡，這是一條東西向的巷道，早晨第一縷陽光光顧大地的時候，它便會從頭到尾鋪滿了陽光。這陽光裡，沁著古樸的木頭散發的味道，寫滿了歲月的厚重。

總是這樣。

總有一個老人，在初晨的陽光還不曾變得炙熱時，已坐在那張被歲月磨得看不出棱角的，已褪了色的，原木質感的靠椅上，迎著太陽升起的方向，安詳地坐著，一個人。

她穿著一身深藍色的麻布衣，像大多數農村的老人們一樣的那種，戴一頂灰白色的，毛線織的帽子，隱隱露出銀白的髮絲。一雙黑色的，新繡了鴛鴦的繡花鞋。雙腳正正地放著，那雙褶皺的乾枯的手靜靜地放在腿上。她的腳邊，一隻白貓伸過懶腰，在溫暖的陽光下，舔著它的爪子。

陽光很柔軟，撫摸著她的臉——那布滿了深深淺淺的皺紋的蒼老的臉。她以同樣溫柔的方式，以溫潤的，早被歲月抹去了鋒芒的目光，凝望著陽光，凝望著陽光來的，那個遠處。

我不知道她在想著什麼，一個人，坐在家門前，靜靜地看著遠

處。我想，那隻貓，也不會知道。

她在思念。

思念那些曾喚她乳名的夥伴們。思念那時一起奔跑在田野上的惬意，思念一起上山採蘑菇的歡笑。或許，都已隨著那流淌的歲月，靜靜逝去了，只剩下，她一個。

思念那個曾攜著她的手，與她一起等待日出的人。思念他們從未有過海誓山盟的柴米油鹽的簡單生活，思念彼此感念的那份溫存。或許，他已隨著那流淌的歲月逝去了，只剩下，她一個。

思念那個亭亭玉立的，忍不住摘下那朵小野花插在髮間的，在平靜的湖水邊梳頭的，那個愛美的自己。或許，青春，已隨流淌的歲月逝去了，只剩下，歲月侵蝕了的，她一個。

思念那一雙兒女，那兩個曾幼小的孩子，思念他們仍在膝邊玩鬧的情景。

那是兩個懂事的孩子。並不寬裕的家庭裡，兩個孩子從小過著艱苦質樸的生活，也不曾抱怨身上衣服不如別的孩子漂亮。因為他們每天看到，所以深深地知道，他們曾經美麗的母親，已為了這個家，放下了對美的追求，只為了讓兩個孩子過得好一點。白天，扛起比他們還要高的鋤頭，跟隨勤勞的母親到地裡勞作；夜裡，點上汗跡斑斑的煤油燈，在微弱的燈光下讀書寫字。因為他們的母親從小囑咐，對未來他們要有高遠的夢，只是，一切，要從現在動手去創造。

她說的不多，但兩個孩子總能明白，因為母親，一直就是這樣做的，不必多說。

後來，兩個孩子都很優秀，先後考上了首都的大學，離開了這個小鎮。如今，他們一個在上海交通大學擔任教授，散發著學術的高雅氣息，多少人投來敬仰的目光；一個在深圳的一家外企工作，身上透著金融界的時代色彩，成為不可一世的商界精英。他們已長

大了，有了為之不懈奮鬥的夢，有了各自的家庭和優越的生活。曾經那段艱苦的日子，都已逝去了，隨流淌的歲月逝去。只剩下，年邁蒼老的，她一個。

歲月殘酷，一切都隨之逝去了，只剩下她一個，守著孤獨，悉數著陽光的，她一個。

但，她並不後悔。

她為他們自豪。兒女長久不在身邊，已許久不曾見過，思念在心頭孤寂地流淌。當兒女們年節裡遠赴千里回到家鄉，回到她的身邊，她總欣喜得老淚縱橫，像個小孩，但卻催促他們快點離開。難道因為不想見？不，沒有比一個母親更愛自己的孩子的，無論他們走到哪裡，母親的心總牽念著。只是，她知道，兒女們擁有自己的事業，他們有高遠的夢，他們是社會和國家的棟樑，有著比自己更為重要的事要做。她知道，所謂父母子女一場，便意味著緣分，就是今生今世在不斷地目送他們的背影漸行漸遠，而且，真的不必追。

所以，她不後悔。作為母親，她寧願一個人守著那間孤獨的小木屋，靜靜地守著那些已逝的感人的回憶。靜靜地目送兒女們的背影，迎著他們夢的藍天，迎著明天太陽的光輝，奮勇直前，義無反顧。

習慣了孤獨，習慣了守候，習慣了默默凝望，兒女們騰飛的背影，陽光來的那個遠處。

所以，她開始祈禱。

祈禱她親愛的孩子們幸福健康，縱使他們各自奔忙，已許久不曾見過，不過，在一位母親的心裡，孩子的模樣，還有他們堅定的逐夢的目光，永遠不會隨時間而逝去。在流淌的時光的蕩滌之下，只會愈發深刻美滿。

祈禱她親愛的、已逝去了的愛人和童年的朋友們，在天堂一切

安好。

祈禱明天的陽光仍溫暖和煦，世界仍舊和平，充滿希望。她在祈禱，後來一切都好。

歲月便是如此，它削去了一切的鋒芒和尖銳，到了她這樣的年紀，心中已怠於奔碌、爭忙。只留下一碗淨水，盛滿了感恩、善良和祝福，然後波瀾不驚。對於她來說，世事已無塵，歲月仍靜好。

孤獨？不，她並不孤獨，她很幸福。

我不知道她在想什麼，不知道她的心，已被歲月寫下多少傷痕抑或是留下多少溫存，至少現在，一無所知。

黃昏時刻，東西向的巷道被濃濃的橘色覆蓋，一位老人，一如既往地，坐在那褪了色的靠椅上，木頭上曲折的年輪傾吐著歲月的氣息。秋風卷落一地紅楓，飄落在她的懷中，已枯老了，但卻鮮艷，那是孤獨為它染上的色彩，因為孤獨，是燦爛的。她微微揚起嘴角，身影被長長地拖在地上。

點一支檀香，青煙裊裊。

（本文獲二○一二年第八屆「恒源祥文學之星」中學生作文大賽國家級一等獎）

此文從一個老婦人的孤獨著筆，委婉細膩地寫出了老婦人獨自咀嚼自己的孤獨寂寞，描寫細膩傳神。文章哀而不怨，較好地刻畫了老婦人這樣的形象：深明大義，雖然想念自己的孩子，也想兒孫繞膝，卻從理性上知道孩子有自己的事業和天地，自覺地壓制自己的情感需求，只為孩子著想。應該說老婦人的晚年是寂寞孤獨的，但也是幸福的。老婦人年輕時給孩子的正確引導和以身作則的榜樣力量，使得兩個孩子都能學有所成，服務社會，較好地詮釋了「播種習慣，收穫命運」的總主題，是

一篇比較好的敘事文體。

蔣　文

給馬背塗上一抹色彩

趙穎蓉

雲南師範大學附屬中學二〇一五屆

「美麗的草原我的家，風吹綠草遍地花……」，幼年的晚上，媽媽常在睡覺前教我唱這支歌。短短幾句詞，想像中浮現的卻是一個和七彩雲南不一樣的廣闊天地。與海一樣廣博的天地，孕育著一個熱情豪放的游牧民族；綠色如此鮮活，托護著一個生活在馬背上的民族。隨風蕩漾著欲滴的翠芽，撫著嬌羞的紅花，在藍與綠之間忘返流連；在花與草之間，穿梭嬉鬧；在牧民與馬兒之間，喃喃細語，迴蕩在藍天與草原相扣的地方，久久不曾退去。

時光荏苒，但那個優美的旋律依然很清晰。我還記得，媽媽說，她很思念歌裡面那個滿天純色湛藍的地方。廣闊的天空、遼闊的草原、飛馳的駿馬，都融進了那優美的旋律中，融進了那濃濃的思念中，融進了媽媽一聲聲「風吹綠草遍地花」之中。

彩雲之南，這裡沒有內蒙古遼闊的草原，卻有綿延不絕的朗峻高山；這裡沒有天高任鳥飛的氣勢，卻有萬里滇池的款款柔情；這裡沒有奔騰的駿馬，卻有濃鬱的民族風情。

六月，晴空微瀾，當初升的陽光灑落在杞麓湖上，湖面上波光粼粼，宛如一面明鏡，偶而有野鴨從水下浮出，泛起一陣陣漣漪。此情此景，絲毫不比「上下天光，一碧萬頃」遜色。也就是這樣一個山清水秀的魚米之鄉，養育了雲南蒙古族。他們過著日出而作、

日落而息的生活。連綿的鳳山，造就了雲南蒙古族勤勞、樸實、勇敢的品性。而這種品性，在雲貴大地上繼承了七百五十餘年。

北方的風承載著那飽含思念的馬頭琴聲，越過千山萬嶺，翻過秦嶺─淮河線，給雲南蒙古族，捎來最真摯的問候。那份問候，在歲月的長歌裡，飄蕩，沉浮。宛如這一世的情緣，如影隨形，莫失莫忘，永相隨。

馬蹄踏得夕陽醉，臥唱敖包攬明月。遙遠的大草原上，夕陽已為天空塗上了一層醉人的顏色，落日的餘暉隱隱地落在銀色的氈房上。遠遠望去，那銀色的氈房就像是一朵聖潔的雪蓮。勒勒車遊蕩在天邊，潺潺的河水帶著芳草的清香直流天際。牧民們策馬揚鞭，趕著牛羊，風裡，彌漫著悠揚的馬頭琴聲。

一個馬背上的民族，是什麼讓他們脫離了「天蒼蒼，野茫茫，風吹草低見牛羊」的環境，從遙遠的北方遷徙到了雲南？又是經歷了怎樣的歷史沉浮，讓他們從牧民，到漁民，再到現在的農民？

我們追溯的是一段很長的歷史。很久以前，忽必烈率領十萬蒙古軍征戰雲南。元朝統一之後，留下眾多蒙古兵屯守，一部分官兵就居住在今天興蒙鄉白閣村後的鳳凰山上。元朝政權徹底潰敗後，住在雲南的蒙古軍被擊潰，分散各地，紛紛隱姓埋名，變服從俗，融入其他民族中。唯有鎮守通海曲陀關的部分蒙古族官兵想盡辦法逐步會聚在杞麓湖西岸，使這裡成為一個蒙古族聚居區，繁衍生息至現在。

「三百里雲和月，七百年滄桑史。」雲南蒙古族經歷變遷，固守在這雲貴大地上，怎能說它不驍勇？怎能說它不寬容？名家蘇大容寫道：「這是一個馬背馱來的民族，時至今日，不僅僅是個簡單的奇跡。這是一個涅槃的民族。這裡的每一株草，每一片湖，每一寸土地，都訴說著這個民族的勇敢。」歷史的變遷和習俗的變化，使雲南的蒙古族形成了他們獨有的民族文化。不同於北方的馬背文

化，他們融合了雲南特有的彝族、傣族等少數民族的風情，形成了「喀卓」文化。也正因如此，馬背上多了博採眾家的斑斕。有手工精巧的服飾，獨特的建築風格，有風味的餐飲，構成了一幅絢麗多姿的雲南蒙古族風情畫卷。

最具代表性的就是婦女的服飾，其相比於蒙古長袍，別有一番韻味。

當地婦女的服飾俗稱「三疊水」，製作十分精美，上裝分為三件，色彩鮮豔亮麗，長短相間。外面的小褂上鑲著一排銀鈕，走起路來，偶而還會發出清脆的「叮噹」聲，清脆悅耳。衣袖是其做工最為精緻的地方。一根根金線被編製成小金角，一顆一顆被整整齊齊地鑲在了衣袖口，再用銀絲勾出幾朵祥雲，在陽光的映像之下，顯得格外好看。身著「三疊水」的喀卓姑娘，如同一隻隻美麗的鳳凰，為連綿的大山增添了一抹靈氣。

雲南蒙古族的建築，少了蒙古包的陪襯，卻在融會雲南各少數民族的建築特色中形成了特有的建築風格。相傳雲南蒙古族旃氏是魯班弟子的後代，所以這裡的蒙古族兒女技藝精湛。昆明西山公園、翠湖盧漢公館、通海古樓聚奎閣、蒙自四角樓、開遠彌勒寺等都是他們的傑作。值得一提的是當地的三聖宮。三聖宮位於白閣村與下村之間的半山腰，南望螺蜂，北依鳳凰山左翼下。朱瓦紅牆，有著濃濃的雲南氣息，裡面是一個院子套一棟二層樓的房子。木格子門窗上雕刻著蒙古先民的遠古圖騰，做工精細。

一樓是「元帥府」，裡面擺放著數十塊碑刻，記錄著這個民族的遷徙史。

二樓是供奉「三聖」的地方，成吉思汗居中，蒙哥居左，忽必烈居右。自我有記憶起，每年大年初一，媽媽都會帶我來三聖宮祭拜祖先。

「喝上那一杯杯酒啊，醉也醉不了。」那是迴蕩於鳳山之間的歌

聲，那是雲貴大地上的一支讚歌，那是雲南蒙古族質樸的民風。和北方蒙古族一樣，這裡的喀卓兒女同樣熱情好客，用香醇的美酒和聖潔的哈達來表達對客人的歡迎。雲南蒙古族的「三杯杯」，別具一格，風味濃鬱。當客人來到蒙古族人家，主人向客人祝酒時都會唱本民族的〈金杯杯酒〉祝酒歌，敬三杯美酒，把對客人的祝福蘊藏在歌聲裡，把對客人尊敬的心意，凝結在三杯濃鬱芳香的美酒之中。

歷史讓我們離開草原七百五十餘年，雖然語言、服飾、文化風情日漸變化著，雲南蒙古族仍不變的是民族的信仰，不變的是蒙古族特有的勤勞、樸實和勇敢，不變的是對故土沉沉的思念。

雲南蒙古族兒女用節日來表達他們對這個民族的熱愛。當地蒙古族仍按四年一度的習俗來歡慶著「那達慕」，這個同春節一般重要的日子。每到「那達慕」節，全鄉蒙古族兒女，就會身著盛裝，載歌載舞。「那達慕」除了歡慶之外還有一項更重要的儀式，那就是祭祀祖先。整個儀式由鄉里資格最老的長者來主持。幾位長老手持一個雕刻著駿馬的木匣，裡面盛著五穀、鹽、紅糖和火柴。年輕的蒙古族男子身著蒙古袍抬著用於祭祀的豬頭緊隨在後。與男子並齊的還有一個端著醇香的酒的蒙古族姑娘。與往常不同的是，她穿的是一條北方的白色蒙古長裙，這是為了表達我們對北方蒙古族的思念。到達「三聖宮」後，主持的老人用純正的喀卓語面對著祖先的塑像說一段很長的話，祝禱祈求來年的平安和豐收，同時供上穀梁，灑下美酒，這是對祖先的崇敬，是對民族的熱愛，是對幸福安康的嚮往。祭祀結束後，全鄉蒙古族兒女歡聚一堂，載歌載舞。

二〇一一年的「那達慕」節，恰逢蒙古族入滇七百五十八年。那是我印象最深的一次「那達慕」。我想，那短短的三天，已經足使我回味一生了。那是一次生命的洗禮，心靈的震撼，之前都不知道，我原來這樣深愛著我的民族。

開幕式當天，包括北方蒙古同胞在內的全國各地蒙古族同胞，不遠萬里來到了雲南，來到了通海興蒙鄉。北方蒙古族的到來，為這個節日增添了幾分喜悅的氣氛。

　　歡慶會上，當雲南蒙古族代表與內蒙古同胞相擁的那一刻，光陰彷彿凝結了。我不禁潸然淚下。朦朧中，我似乎看到了遠方的親人不遠萬里，一路征程，歷雨經風的身影，漫漫長路，縱然身已疲乏，意志仍然堅強！潔白的哈達在風中飄動，猶如一隻在滇池上空展翅高飛的白鷺，飛得那般瀟灑，飛得那般自如。

　　來自全國各地的蒙古族同胞入場時，他們臉上寫滿了幸福。看著那張張笑臉，有感動，亦有欣喜！觀眾們的掌聲有如咆哮般翻騰的長江。主持人慷慨激昂地念道：「我們同是蒙古人！」這短短七字，鏗鏘有力，擲地有聲，深深烙在了我的心上。坐在我身旁的爺爺，也早已熱淚盈眶。也許這就是艾青所說的，「為什麼我的眼裡常含淚水，因為我對這片土地愛得深沉」，所表達的情愫吧！凜冽的北風，吹裂了草原兒女的臉龐，卻吹不開與馬兒的形影相依；吹散了游牧兒女受盡雨打風吹的黑髮，卻吹不散對遠方親人的牽念；吹敗了豔麗的花朵，卻永遠也吹不敗他們心中對草原愛得濃烈的熱火！

　　歷史讓我們離開草原七百五十餘年，耳邊早已沒有達達的馬蹄聲，身前不會再是一望無際的廣袤原野。積澱了近八個世紀的喀卓兒女，終究用自己的淳樸與勤勞在彩雲之南打造了一具別具特色的馬鞍，馬背上從此不會再是單調的革色。

　　那聖潔的馬背，從此多了一抹色彩。那是一抹思念的色彩，一抹勤勞的色彩，更是一抹堅毅的色彩。

　　（本文獲二〇一二年第八屆「恆源祥文學之星」中學生作文大賽省級一等獎）

雲南省通海縣詩人蘇大客曾寫：「這是一個涅槃的民族，我們沒有理由不進行關注，因為關注它就是關注苦難本身。」作為一名土生土長的雲南通海蒙古族後裔，作者以恢宏的氣勢和流利的語言為我們展現了一幅「馬背上的民族」在遠離草原幾百年後不失本真的自強不息、勤勞質樸品質，在新的土地奏響幸福之歌的雲南通海蒙古族的優美生活畫卷。作者以獨到的視角去追尋民族的根，雖有歷史的苦難卻不執著於苦難本身，文章擇選雲南蒙古族最有代表性的服飾、節日進行詳細的描寫，字裡行間充溢著濃鬱的民俗特色，又飽含拳拳的民族自豪感，讓人為這個民族生命力的悅動強音深深折服。作者的情感真摯動人，語言無佶屈聱牙之感，文章既豪邁又不失莊重，是一篇有高度、有情感、有文采的佳作。

牛　瑩

給鄉愁塗上一抹色彩

陳　倩

雲南省昭通第一中學高一年級

　　我並未拿起行囊遠走他方，也沒有歷經世事滄桑……只是每個有月的夜晚，於我而言，滿目月色灑下的，是鄉愁。鄉愁，本應是遊子在外漂泊所念想的那方土地，所牽掛的親人。可是在我內心深處，在我記憶裡，鄉愁只是狹義的那些人，那些時光，甚至只是那座不知還能站立多久的土房。

　　嚴格地說，我並不能算作離開故鄉，只是心裡每每想起那個極其微小的地方時，就愈發失落，孤獨。正如江智民在〈另一種鄉愁〉中所表達的一樣，這是另一種鄉愁，叫寂寞，更叫懷念。幾年前，我離開鄉村來到城裡讀書。漸漸的，我到了更多地方，見識了更大的世界。只是記憶裡的那方淨土，深深扎根在我心裡，無計可消除。離開後，那幾間土房就空了，沒人居住，落下厚厚一層灰，當然還有回憶。其間，我也回去過幾次，只是人物皆非。現在的故鄉，公路代替了泥濘的鄉道，土房變成磚石砌成的高牆。只剩下眼前的這座土屋，破敗而又固執地保持著它最初的樣子。坐在瓦簷下，恍惚以為是幾年前的光景。

　　在垃圾桶裡撿回一張又髒又破的老照片，是一張黑白照片，上面沒有什麼，只是幾棵樹，還有半面我曾翻過無數次的低矮的土牆。是最初離開時照的，是我偏執地把它定格成黑白色，因為想著

有一天也許能仿著記憶，為它塗上一抹我最最熟悉的顏色。或許他們不知道，這對於我而言有多重要——是用來填心裡的空的。這牽掛，在每個思鄉人心中，都是一種沉甸甸的佔有。「不知何處吹蘆管，一夜征人盡望鄉」。哪怕一點點微小的事物，都可勾起遊子心底千縷愁思。

曾經，納蘭性德隨君主出關。出關時冰雪未消，又離開了京城千山萬水，對於生於關內長於京城的納蘭性德而言，一切都這般荒涼，寂寥，不由思念起家鄉的一切，於是他以濃濃鄉愁這樣吟唱：「風一更，雪一更，聒碎鄉心夢不成，故園無此聲。」可見，鄉愁始終是心裡化不開的結。清代詩人袁凱也道：「落葉蕭蕭江水長，故園歸路更茫茫。」但他們總是好的，雖遠在他方，故鄉總還是回得去。而我，守在故鄉卻是再也回不去。

他們是在空間上，可我卻與我的故鄉隔了一段跨越不了的時光。於是，故鄉的面貌就成了席慕蓉詩中所說的「是一種模糊的惆悵，彷彿霧裡的揮手別離」。有人說「近鄉情更怯，不敢問來人」，我又何嘗不是如此，不再回去，只是怕自己無法面對罷了。

其實，我深知我所懷念的只是那段鄉村的美好時光，只是記憶裡那些出現在我生命裡的人，那些作為孩童的快樂與無憂無慮。但請允許我把它稱為鄉愁吧，畢竟，這濃得化不開的牽掛與思念早已深深烙上印記。

或許記憶裡的故鄉才最令人難忘。木已枯黃了嗎？或又是一個春天，牛兒忙著耕田，人們忙著撒種。我給土屋前那株桃花染一抹粉，給田裡的秧苗塗一層綠，一點點把鄉愁繪成最初的色彩，現出故鄉生動的景象。那時，鄉愁就沒了這般清冷寂寥，裡面盡是溫暖，安詳……

當我有一天，真正離開了故鄉，在遠方再來說這鄉愁，應當更為合適吧！那時，便會像余光中一樣，把鄉愁具體為一段山水相

隔，或是一枚小小的郵票；更會笑自己，當初念念不忘的遠方，如今卻都是要還原成思鄉的惆悵的。這最難癒合的傷，是鄉愁啊！

通常人們認為的「鄉愁」是離開了故鄉漂泊異地對故鄉有一種心靈的掛懷和依戀從而產生的愁緒，但作者卻別開生面地描寫了一種身在故鄉的「鄉愁」，就是「我卻與我的故鄉隔了一段跨越不了的時光」的孤獨和寂寞。歲月流逝，有些人、事、物都回不去了。相比於古代遊子的鄉愁，那「總是好的，雖遠在他方，故鄉總還是回得去」；但「我」的鄉愁卻永遠難以癒合了，再也回不去了。樸實的語言道出濃鬱的情感，不論是回憶自身經歷還是聯想古今詞句，渾然天成，其中的「鄉愁」深情有過之而無不及。小小年紀有如此見解，文學功底可見一斑。

張成仙

閱讀下面材料，根據要求寫一篇不少於八百字的文章。

在年終總結會上，一老闆要求員工進行深刻的自我批評，期望藉此提高工作效益。二十多分鐘過去了，現場一片寂然……老闆很生氣，拿出一疊錢，說：「誰肯罵自己一句，獎勵一百元！」一分鐘不到，就有兩人站起來說：「我不是人！」、「我真不是個東西！」，老闆馬上兌現了「獎金」。為避免重複，老闆又說「誰罵得狠，有新意，就加錢！」，轉眼間，總結會就變成「罵己會」，現場氣氛頓時活躍，罵聲不絕……

唯有一個家境貧寒，剛參加工作的員工一語不發。老闆很詫異，說：「你為何不罵，不想要錢嗎？」那員工站起來，高聲說：「我為何要平白無故地罵自己？」說完就離去了。第二天，這個年輕員工提交了辭呈。

要求選好角度，確定立意，明確文體，自擬標題；不得脫離材料內容及含意範圍作文，不要套作，不得抄襲。（二〇一三年三月雲南省高三第一次省統測作文題）

素手植蓮

馮涵秋

雲南省個舊第一中學二〇一三屆

懷著莊重高雅的素然之心，行走在荒誕無序的世間。

你有你的金玉滿堂、凡塵俗夢，我有我的風過荷塘、池蛙不鳴；你為一百元高聲叫賣自己的靈魂，我只願攜一壺濁酒，一卷破席，捧山間一澗星溪，一掬明月，笑看眾人那醜惡的嘴臉，骯髒的心。

只因世間道路縱橫阡陌，唯心之所向，吾往矣。

今生誓以素手廣植白蓮，必以凡身成佛。

北宋期間，曾經流落滄海的蘇軾獨游泗州南山，品賞著浮著雪末乳花的清茶、繆芽、茼蒿，就著眼前綿延不盡的春光，寫下「繆茸新筍試春盤，人間有味是清歡」。

他是以佛為骨的官場失意人，飽經滄桑之後未減絲毫靈氣，風雨之後也是「也無風雨也無晴」。其心坦然若揭，倒像是一位士人懷著《紅樓夢》中那顆補天剩餘後，想歷經一場繁華夢來使心質沉澱純淨的頑石；倒像此前種種皆是自己有意承受的磨難，一切的一切只是為了在金戈鐵馬之後心靈的舒展。本就無意於官場，心中只有那三分塵土、七分春色的心願，卻堅持在那孤燈難眠的黑暗中，一次次地夢想，夢想在這靈魂煉場中闢出一方淨土，植一池白蓮，讓其搖曳生姿。

川端康成，人與名字一般寂靜而幽香，凜凜散發出冬雪梅花的氣息。他是手持素絹的畫家，筆墨流轉之下，寫下世間的山川草木、蟲魚鳥獸。他的柔軟，他的慈悲，他幼年雙親早逝的悲劇為其作品鋪上一層冷冷的底色，並在那底色之中透出些許溫暖的關懷。諾貝爾文學獎授予他之時，連帶著這麼一句：以最具東方的視覺，悲天憫人的情懷，寫出東方女性的美。

《千隻鶴》中的淡然若水，《伊豆的舞女》中流淌著少女淡淡的愁，他都不以世之標準評判自己作品的優劣，只以那嚮往清風朗月的直覺引導著自己的寫作方向。

綠蕪，原指亂生的蔓草，但在春回大地之時，荒圃廢園也自有其浪漫的春光。因在那人跡罕至之地，有我所嚮往的鳥蟲微語，魚書素箋，那風中雨中，有我放飛的願望紙鳶。

心中那片圓圓荷葉，挨挨擠擠的地方，小心呵護著幼嫩的花蕾開放。

世上懷有「異質」之人大都有一個共通點，懷有堅定且深刻的信仰。生命達到的高度並不在後世之人的眼淚中，更不在今人對你的讚許與否，評價標準只在心中那一根細弱蛛絲、敏感異常的弦上。

我只願，從今，素手廣植蓮花；今生，必以凡身成佛。

「今生誓以素手廣植白蓮……必以凡身成佛」，一語彰顯了小作者別樣的情懷。呵護本心，保持人性的善良與尊嚴，成為小作者追求的人生境界。無論是北宋的蘇軾，還是日本的川端康成，其靈魂深處都有著堅定、深刻的信仰，所謂心清如水也。素手植蓮，將主旨形象生動地表達出來，意境優美。對蘇軾和川端康成的介紹突出了其核心價值，抓住特徵，立意深刻。

陳麗娟

閱讀下面文字，根據要求寫一篇不少於八百字的文章。

一位大師帶著徒弟參觀書法展，站在一幅草書前，大師搖頭晃腦一個字一個字地讀下去。突然，有個字寫得太潦草了，連大師也認不出，大師正在左想右想的時候，徒弟卻笑道：「不過是個『頭髮』的『頭』罷了！」大師當即就變了臉，怒斥道：「輪得到你說話嗎？」

要求選好角度，確定立意，明確文體，自擬標題；不要脫離材料內容及含意的範圍作文，不要套作，不得抄襲。

面子圈套

杜宛忻宜

雲南師範大學附屬中學二〇一二屆

（雲南省高考語文單科狀元，現就讀於清華大學）

　　讀過許多以情節曲折、人物奇特知名的武俠小說，其中無數武林高手，或大慈大悲、虛懷若谷，或陰險狡詐、無惡不作，或是得道高僧，或是深山隱士，或名震天下，或鮮為人知。唯有一個人，被無數書中的豪士、書外的讀者恥笑，非但不得善終，而且名聲奇壞。他叫丁春秋。

　　其實丁春秋為江湖所不恥並非源於他手段陰險毒辣，而是因為他門下弟子那名揚天下的溜鬚拍馬之功。星宿門人往往還沒有學得丁春秋武功的一半招式，便已熟知歌功頌德的技巧，「師父功力，震爍古今！」，不絕於耳。更有甚者，備下長篇大論，在眾人面前朗朗而讀。而丁春秋泰然受之，飄飄欲仙。星宿老怪無疑是愛極了面子、慕極了虛榮的典型。現今我們再說起丁春秋，多半也笑他愚蠢無恥。但是金庸先生寫星宿老怪，或許並非只是博看官一笑而已：走出小說中那些奇特的情節，就在看似波瀾不驚的現實生活中，又有多少人願意陷入面子的「圈套」，畫地為牢？

　　「愛慕虛榮」原是人性不可迴避的弱點之一。人們總是趨向於渴望得到讚譽、認同。名揚天下、眾星拱月是一種怎樣如魚得水的美妙狀態。然而現實是讀書治學往往與孤獨、寂寞相伴，那些安靜的文字、書本、筆墨，全都不會說出讚美之詞。當「有知識」、「有

學問」成為入耳的稱讚，成為「有面子」的標誌之一，知識和學問本身，依舊與「面子」毫不相關。

縱然世人讀書大多帶有較強的功利心和目的性，但讀書的過程卻不會因為愛慕虛榮的本性和急功近利的心態而被壓縮或美化。那個勃然大怒的大師固然可以聲色俱厲地呵斥「不懂事」的小弟子，但帖子上那個「頭髮」的「頭」字卻不會因他的惱羞成怒而變了模樣。而在發怒的瞬間，大師甚至錯過了再定睛一看的機會，此後的很長一段時間裡，他或許都不會再有一個平靜的心態來看那副潦草的作品。

而人的一生當中那些為了保全「面子」而錯過的重新審視自己、審視處境的機會何其多，何其可惜！我們把自己裝進面子的圈套，以為外界的讚美和認可足以滿足自己，卻不知越是在意他人評論的人，越是缺乏自我了解和自我評估。虛榮的人往往並不自信，正是因為虛榮本身就是自我認識模糊的產物。

所謂「清心寡欲，淡泊名利」，並不是聖賢刻意而為的修行狀態，只不過是提示我們，守得住孤獨，耐得住寂寞，受得了打磨，方是讀書治學、處世為人的智慧之道。只是不知那個被軟禁在少林寺中面壁修行的丁春秋，面對蒼天古柏，耳聽晨鐘暮鼓，會不會反思自己的一生，從而跳出那個拴住了他的「面子圈套」。

文章從大師的角度立論，論證了一味愛面子、慕虛榮只會讓自己落入自設的圈套而畫地為牢。文章從金庸《天龍八部》中的丁春秋切入，深入分析論證了愛慕虛榮的人類的心理特徵，指出讀書治學尤其不能急功近利，提出清心寡欲、淡泊名利是讀書治學、處世為人的智慧之道。既切合題意，又立論深刻，表現了作者對人性及社會問題的關注與思考。觀點鮮明，內容充

實。

駕馭語言能力較強，語言清新自然，於平實中見功力，頗具可讀性。

蔣　文

【參賽題目】

　　觸摸是一種微妙和敏感的行為，我們觸摸岩石，體會它的厚實堅硬；我們觸摸流水，感知它的清涼溫柔；我們觸摸親人的臉龐，感受那一份親切和溫暖。伸出手指，我們也許還可以觸摸到神秘的星空、美麗的心靈……

　　請在「觸摸_____」空白處補上恰當的詞語，寫一篇不少於八百字的文章，文體不限。

觸摸東巴文化

王　怡

雲南師範大學附屬中學二〇一二屆

（現就讀於昆明理工大學）

　　從倉頡造字開始，中國字一直是表意的象形文字。老祖宗造字，不僅融會了字的靈動美觀，更糅合進了字的喜怒哀樂。然而許多古象形文字正像古老冰川一樣因時代的發展而消融，唯有納西東巴文頑強地延傳下來，成為人類文化史上的一個奇跡！作為納西族人，這令我備感自豪。

　　據爺爺說，以納西象形文字和東巴經典為顯著標誌的東巴文化是創始於納西族逐步遷入、定居麗江之後。那些零星的象形文字曾一度被廣泛地傳播運用，達到前所未有的輝煌。爺爺是在麗江土生土長的納西人，年輕時應徵入伍為保衛邊疆打過仗，老了就一直潛心研究東巴文字書法藝術。我小時候，就跟在爺爺身後學了很多東巴文字。每逢春節，還有不少人請他用本民族的文字為自家寫對聯。外出散步時，每每經過一戶人家門前，我總會認真地指認對聯上的字，爺爺一邊教我一邊笑著說：「去古城看看吧，那兒會更多。」

　　麗江古城，一座為納西人日常生活而建造的城市。這裡面有無處不在的神靈和祖先的身影，有鳥語花香和琴棋書畫，有潺潺流水和小橋人家，有靜僻老街和琳琅商店，也有我童年的回憶和種植的希望。兒時最喜歡的就是拉著爺爺的衣角，蹲在古城中「納藝人」

的刻印店前，出神地望著一雙溝壑縱橫的手，慢慢用美工刀在木板上刻出一個個精妙絕倫的納西文字來。還記得納西藝人刻的「康」字，是一個頭戴法帽的東巴老者精神奕奕站立著的形象。「東巴」是納西神職人員，是智者，從「康」字的書寫，可以看出我們對東巴的崇敬；對象形文字的深入剖析，可以讓人們了解納西民族的文化習俗。

　　長大後，重新踏著斑駁的青石板鋪就的老街，回味地流覽街邊圖文並茂的納西版畫、燙畫、木刻畫上熟悉而又陌生的東巴文，我走失在納西文字中。三年前為了獲得更好的學習前景，我決定離開麗江到省城上中學。原以為爺爺會反對，會極力勸我留下，繼續在納西文化的薰陶中成為傳承民族文化精髓的接班人，他卻什麼也沒有說。臨走前，爺爺只送給我用納西文寫的兩個字——「距離」，便離開了。三年來我一直揣摩爺爺的用意，但都毫無思緒。而今再次回到麗江古城，腦海中浮現出「距離」二字橫橫豎豎的複雜筆劃，其間有兩條不規則的曲線分開，伴有一股幽怨之氣上行，隨著古典的美感漸行漸遠，若即若離。我心中似乎有了答案。飛得再高，走得再遠，人總不能忘本，距離也許會淡化古典美在人心中的位置，卻永遠抹不去它的美。潛移默化中，這美已在人心中生根，距離的屏障完全遮不住古典文字對人的影響吧。爺爺是相信文字美感的魅力，相信我虔誠的心啊！

　　沒有爺爺在身邊，獨自一人於古街信步，想再看看每戶人家門前帶有民族色彩的楹聯，似乎不再可能，大家都隨著新時代去繁從簡的思想潮流，換用簡體字書寫了。新一代的納西青年們瞧著一家雜貨店門上貼有東巴文寫的筆劃歪扭的倒春字，嘲笑著走遠了。「納藝人」木板上刻有的象形文字則多了現代化藝術的色彩，樸實的美少了。現在，東巴文化逐漸從納西人心中淡去，只有商店業主用它來吸引異地人的目光，充實自己的錢囊……

美，成為距離的憂傷。

沿著水流的方向，感受這彌散在四周的溫馨中透出的淡淡哀傷，不知不覺回到了深情依戀的家。今年春節未至，爺爺卻早已鋪開紅紙寫對聯了：「布穀叫，佳音到」，橫批：「玉湖春曉」。停住筆，爺孫倆貪婪地與納西文字對眸，凝視這古老的文字所表現的展翅欲飛的布穀鳥，張著嘴歡喜地向世間傳遞佳音，人們很高興，載歌載舞迎接新春的到來。賞心悅目中，嫋娜起舞的象形文字彷彿將我們帶到大自然的山水草木、花石鳥獸，以及人文風景之間。良久，爺爺才開口說：「千百年來人們一直未能把象形文的書寫當作書法看待。將東巴文的書寫作為書法藝術來傳承和發展，是你們的事啊！一定要將這一民族的驕傲發揚光大！」我點點頭。

美，依然是距離的憂傷，但我不會讓這點點憂傷繼續擴散。沿著爺爺的路一直走下去，時過境遷，相信不曾改變的永遠的是你的美！

這是一個納西兒女對其民族母語文化的感悟、思考與讚美。作為現今仍存留並繼續使用的古老象形文字——東巴文，自然是納西文化的集中代表。作者自幼浸染其中，情感自不必說，其讚美之情溢於字裡行間。隨著麗江旅遊業的蓬勃發展，各民族文化的急劇交融，納西文化也面臨著衝擊與衰落，如何繼承與發揚，當是年輕一代義不容辭的責任。文章既有情趣，也有理趣。

蔣　文

觸摸西藏

楊　疏

雲南師範大學附屬中學二〇一二屆
（現就讀於香港浸會大學）

只輕輕觸摸，就深深愛上。

——題記

飛機是黃昏時分到的，廣播通知即將降落。探頭往窗外一瞥，赫然，一座座群山闖入視線，千溝萬壑，是如此的貼近——環山的河流反射的餘暉似乎能刺痛眼睛。雲淡淡的，出奇的矮，隱隱地飄在半山腰。還未降落，已到機場。嗅一口西藏的空氣，氧氣有點不足，但很清新。

車開往市區，路旁就是雅魯藏布江。江水靜靜地流著，聽不見咆哮翻滾般嘶吼，但可辨清水流的方向。山上的溪水接二連三地跳下石階，然後匯集成流，繞過一些小嶼，嶼上立著幾株胡楊，胡楊下是石子——蒼涼到沒有多餘的色彩。江水不能見底，但足以倒映出胡楊的倩影和離我們很近、很淨的天。江水從山與山之間流過，不是那般的橫亘劈流，一瀉千里，只是恰到好處地彌補了山與山之間的空白。江面寬闊，對岸的山影影綽綽，讓你有一種想朝著對岸放聲大呼的衝動。

給我們作介紹的，是開車的西藏大叔。他四十出頭，高原紅的臉上已經烙上了皺紋，裡面摻雜著泥土。戴一頂牛皮有邊沿的帽子，沒事總是憨厚地笑笑。他的普通話不是十分流利，但他很熱情

地給我們講這個，講那個。和他的交談中，我們知道了他有兩個孩子，家裡有田，農閒時就會出來兼職做司機。

　　車一路前行，這是油菜花絢爛的季節。地裡，種植最多的就是青稞和油菜，層層疊疊地鋪滿山間的峽谷，錯落有致，亦深亦淺，像一幅未經修飾的畫。鵝黃色的油菜花不經意地撒在其中，給這粗獷的山谷平添了幾分秀色。明澈的藍天上，懶散地飄著幾朵雲，在綠地毯上投下幾塊斑駁的陰影。白白的雲給人一種奇特的質感，似乎伸伸舌頭就能舔到棉花糖的味道。綠、黃、藍、白──和成一首歌，在藏家的土地上隨風飄動……隱約能看到幾個勞作的人，在整理著自家的田地。

　　在田地與天相連的地方，是連綿的山脈。遠遠望去，山上少見植被。坡不是很陡，從山麓緩緩地向山頂延伸，給人一種不費吹灰之力便能登頂的感覺。可當車開到山旁時，我才切實感受到了他的偉岸和磅　。那山是由怪石堆砌而成，山縫間長出一些灰綠的帶刺的植物。猶如一個正在酣睡的巨人，顯示著他不容侵犯的神威；又如一個碩大的黑洞，只要再邁近一步就足以把你吞噬。

　　西藏有山，家鄉雲南也有山，山高大偉岸，仁義──但山與山之間有那麼的不同。西藏的山，是山中的偉丈夫；雲南的山，是鄰家的小姑娘。看西藏的山，一眼足以望穿，怪石散落，稀疏的植被勾勒出山堅毅的輪廓。雲南的山上有茂密的樹林和茂盛的灌木，若隱若現，是嬌羞的女子朦朧的面紗。一個用結實的臂膀，接受太陽的炙烤，一個用霧與簾隱藏起自己的肌膚。踏上西藏的山，踩在厚實的土地上，是父親的感覺，彷彿有一種磁力，讓你站得很穩。你看得清百米開外的地方，但腳下的怪石、野草讓你無法撒野地奔跑，「穩重地走吧！」，你聽見了他的懇切叮囑；他無情地抽走了樹林的庇護，只留下亂石與你做伴，赤裸裸地接受太陽神的光。呼嘯而過的風帶著砂石撞在臉上，微微刺痛。蒼茫的山脊化為肅穆的顏

色，巨大的帷幕即將拉開，他張開臂膀迎接好奇的探尋者。前行的路上，並非一路風景。走了好久，起點和終點一起消失在視野中。方向變得模糊，慌亂地不知道朝哪裡走。大喊一聲，回聲傳不來，如一粒沙子捲入洪流，逝去。征服他的狂妄野心被他包容，轉化成內斂低調、量力而行。靠在一塊岩石上，看著頭頂那湛藍的天，和家鄉的天一樣藍、一樣清澈。想起家鄉母親般溫暖的山的懷抱，依階而上，千迴百繞，繞過一個彎，又是另一番鳥語花香。總愛清晨的時候去山上走走，聽見鳥兒從身後的這棵樹，飛到旁邊的那棵樹上，轉身一看，卻什麼也不見了。空氣濕濕的，能黏上露珠。光從樹與樹的間隙間投射進來，形成斑駁的影。伸個長長的懶腰，把煩惱、瑣事拋到腦後。

冷峻嚴厲，如豪情男兒；溫暖柔情，似鄰家姑娘——一個給我以堅強，一個帶來慰藉。他們用不同的方式，把煩躁不安包容，教我寬宏大量，堅強，大智慧。

再行一會，又是別樣美景。流水潺潺地從山間滑過，山頭布滿了蕨類苔蘚似的植物，成群的羊兒撒滿山谷。只要願意，只要將車停下，哪裡都是一幅畫。真可惜自己不是攝影高手，不能把這樣的光影恰到好處地捕捉，去開個唯美的影展。賴著不走，與山谷一起呼吸，彷彿聞到了薄荷糖的味道。我開玩笑說：「還不如當一隻犛牛，在這裡頤養天年。」被藏族大叔聽見，他笑了笑：「這裡的日子不好過啊。」、「您也在開玩笑吧，這裡是人間天堂啊。」、「呵呵呵⋯⋯」，大家都笑了起來。

我們的笑聲引起了那邊幾個坐在石頭上的放羊娃的注意，他們爭先恐後地向這邊跑來，似乎我們踩到了他們神靈的禁地。我們連忙起身，準備離開。可還沒有關上車門，他們已經追上，前面的幾個孩子堵在門口，伸著手，向我們索要著什麼——我突然明白過來，我們沒有踩到神靈的禁地，而是遇到了要過路費的孩子——他

們的眼神十分饑渴，金錢已經讓這些孩子變得物質化了。離天堂最近的精靈竟學會了對金錢的索取。難以接受這樣的情景，我們催促大叔趕快開車。可藏族大叔竟也沒有要走的意思，他回過頭來問我們：「什麼都沒有給的嗎？」、「當然沒有，他們還是孩子，不能養成這種習慣。」，這時，車窗外的孩子也還未死心，他們把頭貼在車窗上拼命往車裡看，一個稍大一點的男孩朝我叫道：「鉛筆！鉛筆！」、「鉛筆？他們叫鉛筆幹什麼？」，藏族大叔解釋道：「這裡窮，路不多，車又少，他們買不起鉛筆，就算有錢，鎮子也很遠。」從來沒有完整聽懂過大叔講話，可這一次我全都聽懂了，可卻忘記了該說什麼，嗓子像被什麼東西堵住了。車上一片沉默，許久的沉默，大家一句話也沒說。同時，聽見大家一齊打開書包的聲音。零食、餅乾、香蕉、相機散落，大家還在埋頭找——雖然我們都知道誰都沒有帶鉛筆，可還想要翻出點什麼。我把身上唯一的一枝鋼筆遞給了其中一個孩子，其他的流露出了羨慕和可惜的神情，車上的人也紛紛把自己的東西送給他們。「謝謝！謝謝！」，紅彤彤的臉上露出了幾顆白白的牙齒。其中有一個個頭很小的孩子，他只得到了一張便簽，但他依舊很高興，手高高舉起，興奮地揮舞著紙片，拉著同伴極力炫耀。得到東西的孩子，仍不願意離去，他們沒有繼續伸手索要，只是緊緊地簇擁著我們，憨憨地笑。當我們要離開的時候，我們向他們許諾一定去鎮上買些鉛筆，回來時送給他們。他們高興地叫了起來，使勁地把我們的車門關好，用袖子來回擦去黏在車窗上的掌印，然後揮手向我們道別。他們一直站在那兒，直到車子沒有了影。車上安靜了下來，大家都在想自己的心事，我也有機會整理剛才的一切。心裡有些淡淡的酸楚，腦海裡那一張張清瘦但幸福的臉，揮之不去。責怪自己為什麼沒有帶些鉛筆，更覺得自己已經不可救藥。先前的鄙視與誤解，用物質的尺度去評判了一顆顆純潔的心。鉛筆，僅僅是鉛筆，知足的願望，那麼微小、那麼執

著。他們的確是精靈，這些西藏座座群山的孩子。他們的精神就是山的精神，就是人性的淳善，如天使降落。我，的確太過渺小。謝謝——這是我該對他們說的話。後來，在小鎮上，我們買了許多鉛筆，然而回來的時候，他們卻不見了，也許他們到別的山上放羊去了。

西藏大叔呵呵地笑了：「你們真好，謝謝你們！西藏雖然不發達，但很漂亮，下次再來玩啊。」、「嗯嗯，一定還要再來。」、「要來這裡蓋五星級賓館，來開商店。」、「我要叫我的朋友都來。」……望著窗外即將落山的夕陽，我沒有搭腔。我喜歡這片土地，終將離開這裡，但我不確定我是否還會回來，已經物質的我不忍再打擾屬於他們的寧靜。希望永遠都要這樣啊，無論過去多久。我想一定會的，因為離天堂最近的，還有座座群山。

夕陽落下，我沒能聽完古道上那悠遠的藏歌，但我已經記住了酥油飄香的味道。

這是一篇全國中學生作文大賽的參賽作文。作者以獨特的視角「觸摸西藏」，記敘了自己西藏一行的所見所聞，所感所悟。寫景部分，形神兼備，酣暢淋漓地展現了西藏的地域風貌；記事寫人，選材得當，重點突出；情感自然真實，流露出小作者對回歸純淨自然人文精神的追求，是一篇成功地融入了敘事、寫景、抒情和議論多種方法的遊記散文。

谷春娜

緩慢而優雅地成長

和志毅

雲南師範大學附屬中學二〇一五屆

院中的扶桑開得正好。

搬家那天，就發現院中種著幾株扶桑樹，亭亭地立在那裡，雅觀而大方。那個黃昏，母親告訴我，扶桑開得慢，花期之長，幾乎季季可見。遠天暮光瓢潑而下，我望向被逆光襯得熠熠生輝而更加風致的扶桑，心裡暗想，也正因為如此，它才能在四季更迭中守得住這樣長久的花期，以優雅的姿態安然佇立著，緩開緩落，始終淡定從容，不驕不躁吧。

如今在心中粗略地一算，三年多我都生活在這一方小院中，無論晨風暮雨，都有這些扶桑樹作陪。每當從一旁走過時，步履都不自覺地放慢了一些，甚至感覺連臉上都帶了若有若無的從容笑意。我不清楚個中原因——或許是因為母親的話，抑或是扶桑本就帶有那樣一種嫻靜溫婉的氣質，感染到了我：它在流轉的光陰中靜靜地生長著，無論外界如何喧囂紛擾，都自守一份寧靜優雅。

若是在晴好的午後，偷得浮生半日閒，我常會坐在院中看一本喜歡的書，頭頂恰好是那一樹繁茂的扶桑。浮雲悠蕩，陽光透過枝葉間隙泉水細流般瀉下，在書頁上投下斑駁的光影，輕盈躍動間，總讓人疑心那是春末的蝴蝶，隨時會振翅而去。偶而會有長風浩蕩而過，掀動書頁發出細碎的摩挲聲。想來古人說的「有清風明月知

此音」，也不過如此。當看書看得累了，我便抬起頭來，看一會兒扶桑。於是每每會感慨於這樣雅致的場景，只道流光靜好，歲月安然，成長過程中那靜水流深般的獨特魅力也展露無遺。

即便是待在家裡，坐在書桌旁，不論何時，只要我站起身往窗外看去，也總能看見那些扶桑——大朵大朵地開著，淡黃和粉白的花色，與葉片一起在微風中輕輕搖曳。一切都美得恰到好處，絲毫不見嬌柔，似極了那明麗的青春，在哪裡都能綻放一個春天。當看得多了，竟然覺得時光泛起了幾絲柔和的色澤；一次次的，連成長的步調似乎也被感染得愈加緩慢而優雅起來了。

就這樣，流年似水潺潺而過。每每驀然回首，發現很多來時的路已然成了煙水遼闊的江湖，很多人和事在歲月的洗禮中，也都成了在水一方的伊人往事，分明就立在那裡，卻是道阻且長，再難追溯而至。而那些扶桑、那些成長過程中清淡的歡愉，卻始終在漫漫的時光中清晰並鮮明著，無關風月，未曾遠離。

我的確是嚮往扶桑那一種緩慢而優雅的成長姿態的。鮮少為外界喧囂所干擾，自守本心，以這樣的一種姿態用心去感受成長中的靜水流深，像極了唐詩中所寫的「日光隨意落，河水任情流」的意境；也像極了吳越王錢鏐對其夫人所寫的「陌上花開，可緩緩歸矣」的情態。就如同讀一本書、聽一首歌，甚至是邂逅一句詩、一首詞，始終都不驕不躁、從容舒緩。一顆心，可以承載萬千思緒，細緻入微，亦可以做到物我兩忘、澄淨空明。以這樣的一種姿態去成長，我的步履是放達的，目光是遼遠的。

父親亦是愛極了那些扶桑的。他最大的愛好就是來我的房間，選一個好的視角對窗而坐，恰能看見扶桑在陽光下搖曳生姿，便開始靜靜品茶。

父親曾說，茶和花具有相似的特質，都是要品得慢、開得緩，才能守得那一種優雅。我雖不太懂品茶之道，賞花卻也是經常的

事，尤其是賞那些扶桑。父親說的道理，從中細細思索，頗得幾分滋味：緩慢是意識上的，優雅是形態上的，它們包含的範圍其實很廣，是從容的心境，是睿智的眼光，是寧靜致遠，是高山流水。它們經過歲月的沉澱，也便成了一種生活態度和人生境界，融進了人的談吐裡、行為裡、氣質裡，人生便會因此更加絢爛，到達一個新的高度。

記得去年去杭州遊玩，在某個晚上與父母同去拜訪了當地一個同樣喜歡品茶的朋友。父親說他已經到了不惑之年，但我卻始終難以相信——歲月並沒有在他的容貌上留下太多痕跡，連他的眼神也閃現著年輕的神采，帶著年輕人特有的朝氣和活力，卻也有年輕人少有的篤定與從容，令我至今難以忘懷。

那時，他正坐在巨大的落地窗邊品茶，邀我們在用紅豆杉雕成的茶海前坐下。音響里正播放著我所不知道的音樂，卻是我所喜愛的那種感覺，舒緩而優雅，淡淡迴旋，散入如水的夜色中。朋友是個健談的人，在嫋嫋的茶香裡與我們講他從前求學的過程，講他的奮鬥，講他的旅行，講他曲折卻也快樂的生活，講他所喜愛的音樂和茶道……講到興致處，他會露出愉悅的微笑，眉宇舒展，落成優雅，如同萬水千山過後的一池澄澈靜水，微風過處，有漣漪向遠方緩緩漾開。我能看得出，他是一個生活的智者，在成長路上緩慢而優雅地走著，將一切的良辰好景抑或是斷井頹垣都納入胸懷，沉澱為歲月所留給他的最豐厚的饋贈，歷久彌新。

那個夜晚，我倚窗向外望去，十五樓之下是一個繁盛而擁擠的世界，燈火通明，車如流水馬如龍。許多人在埋頭匆匆走過的時候，是不知道在這樣一個小小的空間裡，一個走過四十載風雨的人，正在以這樣的姿態回憶他成長的過程。

於是，在看過了這麼多人事景物之後，我不禁想：人，究竟該用什麼樣的心境去適應生活，以什麼樣的姿態來面對成長？

答案似乎散落在了漫漫的時光裡，印在了我走過的深深淺淺的步履裡。時光流逝永無止境，我的步履亦在向遠方堅定地邁進。

後來從杭州回到了那一方小院，父親仍是經常到我的房間裡來品茶、賞花。歲月靜好，每每得了空閒，我一面和父親談天說地，一面倚窗向外望去——那裡，陽光瀲灩而下，扶桑開得正好，在暖暖的微風中搖曳生姿。

「緩慢而優雅地成長」是一種「從容的心境，是睿智的眼光」，「是寧靜致遠，是高山流水」，是「一種鮮少為外界喧囂所干擾，自守本心的生活態度和人生境界」。浮躁喧囂、急功近利的時代，有多少人能靜下心來深味這一命題的真正內涵？本文展示了一個超越功利社會的純淨獨立的意識空間，讀起來沁入心脾，唇齒留香。語言優雅舒展，文思流暢，內容飽滿，情感和哲思交融自然，謀篇佈局頗具匠心，展示了小作者不俗的寫作功底和人文素養。

谷春娜

閱讀下面的文字，按要求作文。

哲學家在草地上給弟子上最後一課，問：「如何除掉這些雜草？」，弟子甲說：「用鏟子鏟。」，乙說：「用火燒。」，丙說：「撒上石灰。」，丁說：「連根拔去。」，哲學家說：「都試一下。如果沒有除掉，一年後再來此相會。」，一年後，弟子們都來了，哲學家未來。但他的弟子看到滿地茂盛的莊稼而無一根雜草，終於悟到了一個真理：欲無雜草，必須種上莊稼。

請根據閱讀後的感悟和聯想，寫一篇不少於八百字的文章。

種上生命的莊稼

戴沛松

雲南省建水第一中學

要使一個人沒有貪心，就必須用良心佔據他的心靈；要使一個人不再冷漠，就必須以愛心充滿他的心靈；要除去生命中的雜草，就必須為生命種上莊稼。

要除雜草，就必須種上莊稼。生命也是如此。人的心靈生而美好，但往往受到後天惡習的侵襲，逐漸生出雜草，讓懶惰、冷漠、怨恨浸染我們的心靈。因此，為了拔除那些雜草，我們必須在心靈上種上真善美的「莊稼」。

我們要以寬容除掉內心的怨恨。春秋時期，齊桓公曾多次受到政敵的追殺，而這追殺幕後的籌畫者正是管仲。當桓公繼位後，曾多次掩飾不住對管仲的怨恨，甚至要殺他。可是當從鮑叔牙那裡得知管仲有才，且能助他匡平天下時，他放棄前嫌，用寬容除掉了內心的怨恨，拜管仲為相。最終，君臣同心，齊桓公終於一掃六合，稱霸於諸侯之間。

偉人心懷寬容可以實現「平天下」的偉業，而平凡的我們可以用寬容之心「修身」、「齊家」。在人與人的交往中，談吐和善，待人寬厚，時刻把大度駐守在心間，怨恨自然無處容身。

我們要用愛除去冷漠。自《桃姐》上映以來，可謂獲獎無數，這部電影的成功在於，它用一種淡淡的語調講述了一段跨越半世紀

的「愛」的故事。主人公羅傑顛倒主僕身份，甘心奉養桃姐，把桃姐視為家庭一員。羅傑的愛讓桃姐老年過得精彩、幸福，更多的是溫暖。

羅傑用愛代替冷漠，讓生活充滿幸福與快樂。我們日常生活中，同樣應用愛除去冷漠，讓這個世界暖意融融。

我們要用良心除去貪欲。近來，「活熊取膽」鬧得沸沸揚揚，當二百多名記者進入養熊場，目睹「活熊取膽」全過程，當一切真相大白之時，我們不禁要問「歸真堂」高管，你們的心中是否長滿雜草，讓貪心長在了良心的位置？同樣，「三鹿」的三聚氰胺，牙防組那醜陋的「二人轉」，不也是貪心的雜草在作祟嗎？

漫漫人生路，我們都曾遇到過這樣或那樣的困難，冷漠過，無情過，怨恨過，迷失過。不管怎樣，我們應種上生命的莊稼，除去內心的雜草，讓心靈永不荒蕪，讓生命顯出斑斕的色彩。

作文結構嚴謹，總分總的結構，「分」也是一來就擺明分論點，隨即舉出一個實例論證，例後分析畫龍點睛；所舉的例子有力地證明觀點，又側重當今生活中的現實，有鮮活性，如《桃姐》與「活熊取膽」，之間又鮮明對比，從全文來看，不失為一篇考場上的優秀作文。

李榮雲

英雄，歷史嘹亮的強音

嚴志銳

雲南省昭通第一中學高一年級

　　黎明前的最後一團陰霾退縮到天邊。天空中隱隱約約露出一抹淡淡的霞光，給清寂的空間裹上一層濃濃的乳白色的霧。新的一天，新的希望。黎明破曉前的最後一絲眷念，留給了歷史。

　　踏進歷史長河，穿越千年滄桑，唯有英雄之足跡如今仍清晰可見：是你們用短暫的流年，輝煌餘生，照耀出中華民族的另一片天景；是你們用生命的強音，震動大地，嘹亮著厚重史冊的雄渾歌曲。

　　「風蕭蕭兮易水寒，壯士一去兮不復還。」歷史的悲歌裡，你慷慨獻身，為報收留之恩，帶著眾人的囑託與希望，你毫不猶豫地踏上了征程，即使，你明知那是一條不歸路，你仍義無反顧。刺殺秦王之時，你本可一劍將其置於死地，卻選擇用另一種方式挾制秦王，達到天下和平之目的，可你或許從未想到，身為君主，他不知踏過了多少人的鮮血，他從不計任何損失，只為天下為家，萬世帝王。你的壯烈犧牲對那個遍佈屍體的年代或許分文不值，但我相信，你早已在歷史畫卷中留下了濃墨重彩的一筆。你是英雄：是你，讓我學會，滴水之恩當以湧泉相報；是你，讓我明白，劍氣橫湧，要擔起的是天下；是你，讓民族歷史中多了一位令人敬仰的英雄！

不是英雄，不讀三國。戰火紛飛的年代裡，你的身影盡展眼前。戰火紛飛，一個「山野莽夫」羽扇綸巾，運籌帷幄；逐鹿中原，一個「山野莽夫」潑墨揮毫，指點江山；躬耕於南陽的落寞時光裡，我看到了你魚躍龍門的雄心不曾擱淺；東吳群儒的譏笑聲中，我看到了你鷹擊長空的壯志不曾折翼，踐行理想的路上，且把一切交付與時間，歷史見證了一切，火燒新野，智取益州，草船借箭，巧取荊州，七擒孟獲，六出祁山，以至身死之後蜀軍仍能平安撤出……你是英雄，不可否認，憑藉超群的智慧，你書寫了歷史新篇章，是你，讓我學會，在踐行理想的路上始終步伐堅定，目光堅毅。

　　「問蒼茫大地，誰主沉浮」，你豪邁的詩篇書寫了不朽的傳奇，也引領了中華民族走向了富強。你是英雄，是你，讓中華兒女看到了民族的又一片新天地；是你，在民族危難之時讓國家躲過了生死攸關的一劫，沒有你，國家的今天會是怎樣？實在難以想像！長征之時你帶領戰士們翻山越嶺，用大無畏的革命精神在困難面前仍在中國版圖上繪出壯麗詩篇，革命勝利前夕，面對「千里冰封，萬里雪飄」之場面，你發出「數風流人物，還看今朝」的喊，這富有氣勢之聲震撼了天地，震撼了世界。你的睥睨千古讓世人敬仰，為一個民族崛起而勵精圖治的奉獻萬古流芳，你是英雄，不可複製的英雄！

　　千萬年歷史，英雄輩出，英雄奏響著歷史的強音，絢爛著歷史的天空；而群雄逐鹿，放眼當下，長纓在手，何懼蒼龍？「江山代有才人出，各領風騷數百年」，歷史的年輪裡，各代英雄均令人敬佩，未來的時光中，一切仍屬於我們，高聲喊，我們要成為自己的英雄！

　　黎明破曉，歷史翻開了新的篇章……

這是高一第二次月考以「英雄」為話題的考場作文，雄渾大氣，如一支高亢的軍樂，在破曉時分響起，迴腸盪氣。

該文以壯景起筆，由實而虛，扣住題目，推出觀點：英雄是歷史之歌的強音，然後以時間為序，荊軻、諸葛亮、毛澤東三位英雄逐一登臺亮相，頗具匠心。第二人稱的運用，在議論聲聲之中，又多了幾許抒情的色彩，加上排比的句式，更增添了說服的力量。結尾段回到現實，昇華主題，唱出年輕人敢為天下先的心聲：我們要成為自己的英雄。作者在考場中揮毫成篇，實屬可貴。

程興明

CHAPTER 02

思考與思想

獨立思考，彰顯自我

戴慶華

「思想形成人的偉大」，「我們全部的尊嚴就在於思想」，十七世紀法國著名的思想家巴斯卡在《思想錄》中說到人及其生命的價值時，說了這麼兩句精闢的話。其所以精闢，在於說出了人存在的意義和價值——人作為萬物之靈，是一種會思想的動物，唯有思想劃分出了人和物的界限，從而顯示出人自身的高貴和尊嚴。思想活動的過程，我們可以視之為思考。思考的方式、過程和結果無論如何，總是離不開言說和表達，因而寫文章或作文，無不是在向世人陳說自己的思考，或者說在陳述著與眾不同的思想與見解。從這個意義來看，表達思考或者思想的內容，就成了寫文章或作文最核心的目的。

早在六世紀，晉朝的文學評論家劉勰已經將這樣的思想表述得相當完備。他說：「仰觀吐曜，俯察含章，高卑定位，故兩儀既生矣。惟人參之，性靈所鍾，是謂三才。為五行之秀，實天地之心。心生而言立，言立而文明，自然之道也。」在劉勰看來，人既有心靈，自然少不了思想，有了思想，自然要表達。文章作為表達的主要形式，自然要承載起我們對社會、人生和自然等的思考或思想的內容，並由此而形成厚重的文化成果，構建出文化的大廈。

人們常說，年輕人是世界的未來、明天的希望，他們將代替年老的

一代，肩負起開創國家和民族未來的重任。試想，作為社會文化的繼承者和開拓者，年輕的我們，如果不與思想相伴而行，用我們的一生，去學習和繼承傳統的優秀思想文化，吸取世界文化的精華，並在此基礎上，尋求和開拓更廣闊的中華思想文化領域，讓思想的發展與時代的進步攜手並進，讓已有的文化得到更新和進步，那麼我們自身的價值何以體現，人生的榮耀和尊嚴又在哪裡？一個民族或者國家的思想如果斷裂，我們的社會還有什麼未來可言。假如真是那樣，中華民族將在地球上失去自己的尊嚴，成為一個卑微的民族，從此找不到自己的價值。從這個意義上來說，我們就可以深刻地理解著名哲學家笛卡兒的那句名言，「我思，故我在！」，「我」既指小我，凡塵中為生存而奔波的普通人，也可以指一個國家，乃至民族、人類等。如果你是一個博學多識的人，你就可以深深感悟到，人類的文化，很大一部分，其實是由思想構成的。儒、道、釋是中華文化最重要的組成部分，其實它們的核心是思想。

在生活中，我們常常會聽到「某某某是個有思想的人」、「這個人很有自己的思想」、「誰誰誰是偉大的思想家」、「誰誰誰開創了人類思想的新天地」等，前者所針對的可能是平平凡凡的人，而後者針對的是為人類思想作出了傑出貢獻的思想家，比如中國的孔子、孟子、蘇軾，以及西方的柏拉圖、蘇格拉底、亞里斯多德、培根、康德等，能得到這樣殊榮的人，在歷史和現實生活中，固然只是少數。但這些偉大的人物，在他們年輕的時候，作為普通人，就很善於思考。比如道家思想的開創者老子，開始只是周朝的一個「守藏室之官」（管理藏書的官員），但後來成為我國最偉大的思想家之一。而繼承老子思想、使道家思想成為系統理論的偉大哲學家莊子，平生也只做過一個被稱作「漆園吏」的小官。再如古希臘偉大的思想家蘇格拉底，年輕的時候曾跟父親學過雕刻手藝，後來他靠自學熟讀《荷馬史詩》及其他著名詩人的作品，成了一名

有學問的人。到三十多歲時，他才做了一名不取報酬、遊走於社會的道德教師。他過著清苦的生活，穿著一件普通的單衣，經常不穿鞋，對吃飯也不講究。他的任務就是整天到處找人談話，討論問題，探求對人、自己最有用的真理和智慧。就是這樣一個人，培養出了柏拉圖和亞里斯多德這樣偉大的思想家，最終成為西方偉大的哲學家和思想家。由此看來，大思想家，無一不是善於思考社會現實問題的，即使身處逆境，也沒有停止思想，而我們作為民族文化的繼承者，為人生、自然和社會而思考，應是分內的事了。

雲南籍著名詩人于堅曾經說過：「像上帝一樣思想，像普通人一樣生活。」過著普通人的生活，卻不失思考的心靈，就像蘇格拉底那樣，雖然平凡，但依舊為自己驕傲和自豪，因為我們沒有丟失做人的高貴和尊嚴。這或許是對我們每個青年學子一個最好的人生指引吧。

環視現實生活，太多的誘惑，像瘋狂生長的野草，時時刻刻企圖佔據我們的心理空間，盲目地跟風讓我們辨不清成長的方向，腦袋空空跟著別人無知地奔跑，無所不在的電子產品，讓我們在虛無中消耗著美好時光，僅有的思想，也只是一些別人告訴我們的陳舊教條——絲毫沒有經過我們真正理解和選擇……許多成年人每天津津樂道和追求的，不是房子、汽車，就是金錢、地位，拼命賺錢，追求財富……

每每想到這些，我就覺得，我們中的許多人像溫水中的青蛙毫無思想活在不知不覺中，直到死亡，而那些在高考強壓下的孩子們，面對著這樣的現實，他們還有自己的思想嗎？他們的思考能力與身體的成長是不是已經反向而行……作為老師，每每想到這些，沉重的憂慮如同烏雲彌漫，揮之不去。

然而令人可喜的是，面對紛繁複雜的世界萬象，生命存在的種種不可思議，以及自然和社會的種種現象，我們年輕的同學，依舊有著一顆赤誠淳樸的心靈，用至真至誠的情感去感受、體驗和思考，並發出與眾

不同的聲音，展示出自己的思想和追求，這的確讓我得到了莫大的寬慰，也漸漸改變著我的眼光。

我這個十六歲的少年，在不停地追逐，在夢想，在憧憬，但不像兒時的歡樂與年輕，這時的我們不斷地感受迷茫、破滅、失落。可是，誰的青春不迷茫？而我，正在尋覓一種力量，帶我走過迷失，支撐我迎接挑戰，躲過脆弱，告訴我成長不是任性，不要冷漠。

許多人的所謂成熟，不過是被世俗磨去了棱角，變得世故而實際了。那不是成熟，而是精神世界的早衰和個性的夭亡。真正的成熟，應當是獨特個性的形成，精神上的充實和豐收。

這是那個來自烏蒙大山的昭通女孩羅鈺，用一雙清澈的眼睛和至誠心靈，以一種絕對來自個性，宛如清泉奔湧而又不屈不撓的敘述方式傳遞出來的聲音，令我感動不已。「我有何畏懼？一雙明媚的眸子，一顆善感的心，哦，還有永遠上揚的嘴角，那奔赴世界的夢，未完待續。」這是一個女孩向世人坦露的最純真的思想，我想，她和他們，一定能夠憑著堅毅執著的思想，尋覓到一種力量，形成獨特的個性，得到精神上的碩果和豐收。我由衷地敬佩和期待。

我們的社會之所以有這樣的文明和進步，就是由思想的進步造就的。試想，如果沒有愛迪生、富蘭克林等科學家對自然現象的思考和探索，我們說不定還生活在黑暗中；如果沒有眾多生命科學家的思考，我們今天還有更多的人生活在疾病的痛苦和折磨中，享受不到生命和健康的幸福；如果沒有眾多政治家和社會學家的思考，我們的社會依舊愚昧和黑暗，絲毫感受不到民主自由的可貴……

從這個意義上來說，我們相信，沒有一個國家和社會不希望青年學子用知識、理性和熱情點燃思想的火花，思考存在的意義和價值，向自我、生命、社會、自然發出自己的思考和評判，用他們的思想，重估一切價值並創造新的價值。就像邱楚丹同學所說的，「尼采有了對神聖思

想的信仰才能馳騁在精神的平原，用犀利的眼光透視世界」，又如姚禹志同學所言：我們有了自己的思想，我們明白了分享，懂得了回報，學會了奉獻；我們開始叩問生命的意義，並努力去尋找答案。

讀著同學們這些充滿思想和探索的文章，我想這就是思考的力量，它既使我們贏得了做人的尊嚴和高貴，又使我們的寫作如泉湧，清新甘甜。

法國哲學家維克多‧吉羅說：

如果整個法國文學只能讓我選擇一部書留下，我還是會毫不猶豫地選擇留下《思想錄》，它是一個崇高的純粹法國天才的標本。

讓我們記住巴斯卡的話：

思想形成人的偉大。人只不過是一根葦草，是自然界最脆弱的東西，但他是一根能思想的葦草。用不著整個宇宙都拿起武器來才能毀滅，一口氣、一滴水就足以致他於死命了。然而，縱使宇宙毀滅了他，人卻仍然要比致他於死命的東西高貴得多；因為他知道自己要死亡，以宇宙對他所具有的優勢，而宇宙對此卻是一無所知。因而，我們全部的尊嚴就在於思想。正是由於它而不是由於我們所無法填充的空間和時間，我們才必須提高自己。因此，我們要努力好好地思想，這就是道德的原則。

四十五度青春

姚禹志

雲南省曲靖第一中學二〇一三屆

（現就讀於香港大學）

如果人生是四季，我要用蓓蕾綻放在枝頭的季節來讚美這韶華；

如果人生是江流，我要用波濤奔流下谷澗的景色來繪畫這激昂；

如果人生是遠航，我要用小船揚帆向大海的時刻來寄言這希望；

如果人生是角度，如太陽般東升西落，如皎月般月盈月虧，如潮汐般起落有常，那麼，我要用四十五度來喻美這青春時光，這豆蔻年華。

四十五度青春，是幼兒與成年的角分線。告別了兒時的牙牙學語，蹣跚學步；告別了牆壁上丈量身高留下的條條「蚯蚓」；告別了樹蔭下搖搖晃晃的木馬和越蕩越高的秋韆；告別了王子與公主的童話故事、「搖到外婆橋」的熟悉歌謠。日子如風，周圍的一切都隨著我們飛快的長大而改變著，似乎只有門前的老樹，一如很久以前的樣子，注視著這神奇卻又平凡的變化。是的，我們變了。我們的身高早已超過父母，卻仍是一張張略顯幼稚的面龐；我們開始知道越來越多的新詞彙，但還是難以懂得一些永恆的東西；我們開始明白美並追求美，可有時卻被美的歧義所迷惑；我們開始有了青澀

的青春，但仍無法採摘到成熟的果實。可畢竟，我們正向成年的方向走去。我們有了自己的思想，我們明白了分享，懂得了回報，學會了奉獻；我們開始叩問生命的意義，並努力去尋找答案。四十五度青春，我們學會了成長。

四十五度青春，是一條斜立的角邊。雖不像九十度成年一般頂天立地，卻也擺脫了幼兒對大地的完全依賴。四十五度青春，我們不再像兒時一樣想笑就笑，想哭就哭，犯了什麼錯都能被大人寵著、慣著。我們要開始對自己說的每一句話，做的每一件事承擔應有的後果。每叫一聲父母，老師，員警，醫生，對我們來說再也不是簡單的稱謂，因為我們開始明白，這每一個稱謂後蘊涵的辛酸與責任。四十五度青春，我們更加懂得，「國家興旺，匹夫有責」，這字字鏗鏘中的厚重含義。昔日「五四」風雷，無數熱血青年為國家興衰、民族存亡而大聲疾呼，挺身戰鬥，付出了淚水、汗水、熱血、生命和無悔的青春，炸響了中國大地上第一聲春雷。而今，看汶川災區，看奧運會、世博會，看貧困山區、雪地高原，紅色，藍色，綠色，千千萬萬志願者匯聚成海，掀起奉獻的浪花，共撐藍天，搭建起愛的彩虹。當日，有青年周恩來為中華之崛起而讀書；而今，莘莘學子的理想不再只是金榜題名。四十五度青春，我們學會了承擔。

四十五度青春，是早晨四十五度的陽光斜照在我們身上。不是黎明的懵懂與黑暗，不是正午的明媚與熱烈，也不是夕陽西下的絢麗與靜美；而是紅日噴薄欲出，金色的光芒透過雲霞的時刻，是萬物初生，溪水開始流淌，鳥兒開始鳴叫，綠色的葉子閃爍陽光的時刻，是一顆散發無限光與熱、力與美的火球走向中天的時刻。雄鷹展翅高飛、盤旋天際，但那站在崖邊、笨拙學飛的稚雛更有希望；百年老樹枝繁葉茂、蒼樸遒勁，但那破土而出、嬌小幼嫩的新芽更有生機；一輪滿月高懸夜空、清輝如水，但那細如柳葉、由虧轉盈

的蛾眉更令人期待；學界泰斗才華橫溢、學富五車，但那背誦第一首古詩、描畫第一個漢字的學童更讓人歡欣與喜悅。四十五度的我們，仍難以撐起一片天，但不久的將來，我們會勇敢地接下父輩肩上的重擔。四十五度青春，我們載托著希望。

四十五度青春，是花季，是雨季，是胭脂染紅了的花色，雨滴打落在油紙傘上的季節。花含情，雨含笑，在小小的四十五度角中，邂逅一次名為青春的相遇，讓四十五度的青春飛揚在四十五度微笑的嘴角上。

（本文獲二〇一二年第七屆全國創新作文大賽省區級一等獎）

> 青春是幼兒與成年的角分線，是一條斜立的角邊，是早晨四十五度的陽光，多麼奇妙的比喻，體現了作者豐富的想像與聯想能力。文章以此線索展開，有生動細膩的描寫，也有精闢的議論抒情，很好詮釋了作者對青春的理解、感悟。結構精巧，語言凝練，體現了作者紮實的寫作功底。
>
> 陳 彪

成長中的迷茫

羅　鈺

雲南省昭通第一中學高一年級

　　成長，讓一切變得猝不及防。站在青春的門檻前，一邊是少年的清純，一邊是成人的滄桑。

　　兒時的我們不停地追逐，在夢想，在憧憬，所有的一切是那麼新鮮好奇。我們是幼小的，是稚嫩的，思想像漂泊不定的小船，在大海這塊領域馳騁神思妙想。

　　我們用沙土堆過的城堡那麼的神秘可愛，小花貓似的臉頰還泛著朵朵紅暈；我們放飛的竹蜻蜓那麼的瀟灑有型，放飛的，是對未來美好的憧憬；我們手中握著的糖果那麼的光鮮亮麗，裝著甜蜜，含著誘惑。

　　如果兒時的我受到委屈，可以放聲大哭，那時的哭是允許沒有任何醞釀過程的。有糖果吃，有玩具玩，便是滿足。兒時的歲月是沒有寂寞的，就算是一個人，也可以摟著洋娃娃親切地說話，或者是穿著公主裙洋洋得意地轉圈圈。心裡，始終是暖暖的。

　　曾經的感受，年幼的場景，不由地想起如今這躁動不安的青春。

　　如今，我這個十六歲的少年，在不停地追逐，在夢想，在憧憬，但不像兒時的歡樂與年輕，這時的我們不斷地感受迷茫、空虛、失落。可是，誰的青春不迷茫？而我，正在尋覓一種力量，帶

我走過迷失，支撐我迎接挑戰，躲過脆弱，告訴我成長不是任性，不要冷漠。十六歲，昔日童稚已去，今日的你我，或許僅有眼前的路，必然而經的，是從那單薄的青春裡，打馬而過。

帶著豆蔻的芬芳，我們步入了花季的殿堂，隨之而來的還有幾分成熟的韻味。許多人的所謂成熟，不過是被世俗磨去了棱角，變得世故而實際了。那不是成熟，而是精神世界的早衰和個性的夭亡。真正的成熟，應當是獨特個性的形成，精神上的充實和豐收。而我，隨著時間的推移越來越懂得成熟了，也慢慢地變得越來越隨和。

我是從內之外都疏淡至極的人，在偶而熱情的外表下，隱匿起來的是一種對任何事情都漫不經心的隨性。我討厭一些人不擇手段去追求名譽地位，更討厭一些人忘記做人的底線而貪得無厭地去謀取利益。可能我只是你生命裡的一個過客，但你不會遇見第二個我。我覺得我就像一隻 koalabear，像它一樣天生長有上揚的嘴角，在最悲傷的時候都展現出一種淡然的滿足。

曾經在很多時候，被誤會時，被拋棄時，我們就將自己偽裝成了刺蝟，不許別人靠近，以帶刺的面孔獨自行走。也許，我們不是故意在防範著誰，只是輸給了對現實的抵抗，在遭遇不安的、虛偽的信任、慈悲的時候，將自己封閉起來。我不要虛偽的敷衍，我不要人與人之間的遷就，我不要你只是為了修飾而同情或者慈悲。實際上，我沒有你想像的堅強，只是這個世界，沒有讓懦弱休息的地方。

但懦弱這東西，在一定的條件下，可以發生化學反應，變成堅強。

九把刀說過，只要向著陽光走，影子總會在身後面。人生不可避免地有很多磨難和曲折，微笑著堅持走下去，總會有收穫。生活也會讓我們遍體鱗傷，但到後來，那些受傷的地方一定會變成我們

最強壯的地方。在今後漫長的人生中可能還會經歷變化，但只要有努力的勁頭，有刻苦的鬥志，成功總是會開出屬於自己的花朵。

今後不論世事如何變遷，這些奮鬥的歷程將始終都是心底的朱砂痣，不可磨滅。

現實和理想，中間隔著南牆。我們可以一次一次去撞南牆，但我們不能一個一個失去理想。Eason 在耳機裡唱，夢是夢到醒不來的夢。我想告訴那些和我一樣，有夢的朋友，即使有一天夢想被扼殺了，而我們，要依舊前行。

如果友情如鋼鐵般堅固，我是該歡笑還是該哭泣？如果鋼鐵如友情般腐朽，那麼，這是歡城還是廢墟？

有些人，散落在你的生命中然後匆匆逃離，被裱進相框從此落在角落，等待時間把鮮活的笑容沖刷成安靜的空白然後枯萎成暗黃，最後成了某個標記。

而有些人將會被收入到記憶中，即使時間磨損了記憶，卻不能永遠丟掉他們，或許十幾年之後的某一天，他們還會站在我面前，堅定而毫不猶豫地站在我面前，對我微笑，那如朝陽般的微笑。

我堅信，友情最終能把孤獨繪成畫，把寂寞扎成花。我堅信，我能把朋友換成大把大把的快樂。

「從明天起，做一個幸福的人，餵馬，劈柴，周遊世界。」海子文字裡的淡泊和樂觀常常感動著我。不期盼未來能多麼有名，只需胸中有份忙碌生活中雲卷雲舒的淡泊，不計得失，只記快樂與否。我們需要的是生活，而不僅僅是活著。所以說，我們都應該熱烈地活著，為自己活著，想自己所想，做自己所做。

我有何畏懼？一雙明媚的眸子，一顆善感的心，哦，還有永遠上揚的嘴角，那奔赴世界的夢，未完待續。

成長必然伴隨破繭而出的痛楚，成長必然伴隨不斷進行的自我否定，成長必然伴隨彷徨與焦慮。小作者用頗感成熟的語言講述了自己成長中的糾結與發現，讓自己明白只要無所畏懼，一顆向上的心，一個自信的微笑，就能為自己的成長舞出精彩，舞出璀璨。

張順娟

不可或缺的上帝

邱楚丹

雲南省昆明第一中學二〇一五屆

「仰望星空,你是否感到上帝的存在?」這是《天使與魔鬼》中的一句話。

我想很多人會以為這很無聊,但事實上這是個值得深思的問題。我們通常認為耶穌、佛、安拉等是信教的人才能理解的,普通人,尤其是我們中國人不需要宗教信仰照常可以生活,但殊不知上帝——信仰是不可或缺的。

追尋信仰,造就品性,方能收穫幸福人生。

有一個無神論者正向人們講上帝絕不可能存在,他還向上帝挑戰說:

「如果你真存在,就下來把我殺了。」然有介事地靜候幾分鐘後,他對聽眾說:「你們都看見了,上帝根本不存在。」這時一位農婦站起來對他說:「先生,我不想反駁您高明的理論,但我有個問題:我信奉耶穌,多年以來讀《聖經》,我得到安慰,得到了人生最大快樂。假如我死時發現上帝根本不存在,《聖經》全不可靠,我一輩子信奉耶穌,損失了什麼?」無神論學者驚歎於這簡單的邏輯,想了一會低聲回答:「我想你一點兒損失也沒有。」農婦又說:「那當你死時,假如發現果真有上帝,《聖經》千真萬確,天堂地獄也存在,我想請問,你損失了什麼?」學者沉思許久,竟無言以對。

正如婦人所說，她在信仰中找到了安慰，找到了快樂，即使上帝不存在，她的人生是幸福的。而學者的生活或許會因缺少一種精神的寄託而變得空虛。其實我也不相信有造物主的存在，但我們的心中應有一個屬於自己的真正的上帝，那便是一種信仰，是一種精神依靠。那其中的安慰和快樂從何而來呢？

教徒的祈禱，不過是祈求上帝的保祐或賜予福祉，實際上是希望一種力量讓好事發生，遠離災難，而當他相信神能賜予虔誠的他這種力量時，他總能有所慰藉，而對生活充滿希冀。這樣的人難道不能樂觀而豁達嗎？另一方面，他們懺悔，請求寬宥。在這個過程中，他們因為信仰的精神約束而應恪守準則，更客觀地看待自己，更理性地看待他人，更智慧地看待世界，反省，給心靈洗禮，讓精神昇華，彷彿得到了神賜予的智慧，這未嘗不是一種快樂。

信仰讓人變得充實，變得超脫自我。

上帝真的有力量嗎？是的，這是一種思想上的力量，進而轉化為行動上的力量。我們總深深敬佩革命先烈在嚴刑拷打下仍不屈的剛毅堅韌，他們所靠的不就是信仰嗎？或是對戰友的掩護，或是對紀律的尊重，或是對光明的渴望。這一切都源於信仰，它在特定的時刻將轉化成不可估量的力量——信念、毅力、約束力、精神支持力。正如拉爾夫所言：「歷史並非由所謂的『歷史力量』組成的，也不是由機械的必然性而構成，更不是由超人力的某種力量生成，而是由人類的個人，有時候是涉及存亡關頭的個人行動，但又往往是在這種個人的領導下，各個個人同心協力的一致行動形成的。」

信仰讓人變得強大，變得堅不可摧。

尼采有了對神聖思想的信仰才能馳騁在精神的平原，用犀利的眼光透視世界；諾貝爾有了對探索創新的信仰，才能孜孜不倦，最終獻身科學。一個在沙漠中迷路的人，因為堅持對希望的信仰才走出困境；一個馬拉松選手，因為堅持對堅持的信仰完成比賽。反

之，一個沒有信仰的人，思想可能被利益驅使，心靈可能墜入黑暗的深淵；在困難面前可能退縮無措，在耐力、意念的考驗中可能半途而廢。

信仰讓人變得純粹，變得本真勇敢。

周國平在《與上帝邂逅》中講了這樣一個故事：我夢見上帝，他剛剛睡醒。但我白天還對學生們發議論說：「上帝並不存在，他是人的一個夢。沒有這個夢，人生就太虛幻了。」當我想躲開上帝時，他叫住我，狡猾地笑著說：「我是你的一個夢嗎？」看我不開口，他接著說：「正相反，這個世界，你們人類都是我的一個夢。」我有些生氣地說：「現在你醒著不是夢了，為什麼我還在？」，「我還沒太睡醒，等我全醒了，你看還有沒有你？」第二天上課時我對學生說：「幸虧上帝是一個夢，如果他真的存在，人生也太虛幻了。」這或許可以用托爾斯泰的話來解釋：「少數人需要一個上帝，因為他們除了上帝什麼都有了。多數人也需要一個上帝，因為他們除了上帝什麼都沒有。」沒有信仰的人生是虛幻的，但一切都交給信仰的人生也是虛幻的。

豐子愷認為人的生活可分為三個層次：一是物質生活，二是精神生活，三是靈魂生活。物質生活就是衣食，精神生活就是學術文藝，靈魂生活就是宗教信仰。可見信仰是高層次、高品質的靈魂享受，雖非一般人可解，但確實其樂無窮，奇妙難表。

追尋信仰，造就品性，方能收穫幸福人生。

讓我們召喚心中的上帝，感受這不可或缺的信仰帶給我們的強大力量。

本文是參賽作品，文章立意高遠而深刻，「播種習慣，收穫命運」，切合大賽主題，追尋信仰，造就品性，方能收穫幸福人

生。論證材料豐富而典型，既凸顯了作者厚實的閱讀積纍，也
體現了作者對議論性文章的自如把握。

張書益

心中的桃花源

蔣京希

雲南師範大學附屬中學高二年級

　　每個人的心中，都有一片燦若桃花的地方。這個地方異常柔軟，亦十分脆弱，傷之不得。

一

　　一位老人去世之後，人們在他的上衣口袋裡找到一份遺囑。據說這位老人生前是一名律師。他的遺囑寫在幾張紙上，落筆剛勁有力，但內容卻十分特殊。列舉如下幾條：

　　「第一款，我把對孩子的信任，把所有表揚和鼓勵的言語贈給負責任、有愛心的父母們，請他們根據孩子的表現，公正地使用。」

　　「第二款，我給所有孩子空閒的田野和公共場所，讓他們可以踢球、玩耍；給他們乾淨的江河湖海，讓他們可以遊玩；給他們白雪皚皚的山丘，讓他們可以滑雪、堆雪人……」，這份遺囑中自始至終未提到一分錢，但卻是一份充滿了對孩子的不捨和愛的遺贈。是的，對大多數父母而言，孩子的頑皮是父母眼中的沙子，但更多時候，孩子的天真亦是父母手中的珍寶。因此便更希望他們擁有快樂。

　　這位老人的心中充滿了愛。

　　於是，我找到了第一片桃花源。

二

　　對父母來說，孩子是上天賜予他們的天使。然而，若當上天賜給你的是一個有瑕疵的天使，你會怎樣？

　　面對一個患有唇齶裂的孩子，李亞鵬和王菲當初僅用了不到一分鐘就作出不放棄的決定。而面對媒體的圍追和炒作，他們只有無奈和憤怒，因為他們有更重要的事，那就是為女兒治病。

　　在經歷十七個小時的行程後，他們到達美國並找到醫生。在痛苦目睹了女兒治療的整個過程後的李亞鵬與王菲，毅然作出了一個決定。

　　回國後，他們用女兒的名字成立了一個基金會——嫣然天使基金會。

　　他們希望，將來大家聽到唇齶裂時會像聽到感冒一樣稀鬆平常，給所有像嫣然一樣的孩子創造一個好的成長環境。

　　李亞鵬與王菲那滿滿的愛心，讓整個社會感動。

　　於是，我發現了第二片桃花源。

三

　　「漢帝重阿嬌，貯之黃金屋。」站在千年後時間的山巒上回望當年長門宮那翹首企盼的女子，竟覺無限悲涼……

　　同樣身為皇后的陳阿嬌較之武媚娘，卻不見這等幸運。

　　她總是回想當年大殿之上，劉徹那一句「若得阿嬌做婦，當以金屋貯之」。

　　李白說：「妒婦情卻疏。」他是對的。但最終被廢於長門宮的陳皇后較其他女子，終是不同。只因她要的僅僅是一個可以一心一意、朝夕相對的夫君。

　　而阿嬌自從入居長門宮中，終日以淚洗面，不惜向大文士司馬相如千金買賦，以抒自己深居長門的閨怨。訴說一段深宮遠巷女子的愁悶悲思。

她命宮人日日傳誦，只求為武帝所聞而回心轉意。她錯以為曾經青梅竹馬的深情能夠挽回他那顆不安定的心。殊不知，一旦失寵，便成永訣，就是皇后也無可奈何，只有默默地咀嚼「紅顏未老恩先斷」的苦澀。

　　奈何阿嬌用她那濃烈持久的愛，卻最終譜寫了一曲悲歌。可憐的女子！

　　縱然結局悲慘，卻無悔愛過。

　　於是，我發現了第三片桃花源。

　　那個燦若桃花的地方，就是我們那充滿愛和溫情的心。心是柔軟的，也是脆弱的。所以我們要珍惜她，保護她，並把她播撒出去。

　　此文緊扣心中的「桃花源」——那柔軟而又脆弱的「愛與溫情」，安排結構，首尾照應。語言清麗，表達流暢。選材上將古今熔為一爐，既關注現實，又關注古人，也可看出作者的閱讀面對寫作的嘉惠。確實是一篇言之有物的愛的頌歌。

　　　　　　　　　　　　　　　　　　　　　　　　蔣　文

給眼睛點詩意

曹 瑜

雲南省昆明第一中學二〇一二屆

（現就讀於四川大學）

走出小屋，不唯窗外有一隻美麗的蝴蝶飛過，而是唯美的蝴蝶闖入我心，闖入了一雙「美麗」的眼睛。

「穿衣蝴蝶深深見，點水蜻蜓款款飛」、「江頭楂樹香，岸上蝴蝶飛」、「留連戲蝶時時舞，自在嬌鶯恰恰啼」……古往今來，蝴蝶的美麗，讓無數詩者同人為之沉醉，縈繞著人們的心靈，使內心綠草叢生，充滿生機。生活中並不缺少美，而是缺少發現的眼睛，缺少一顆慧心、一雙慧眼——識美麗的慧眼。

別給眼睛戴上墨鏡，別給心靈蓋上烏紗。物質文明發達的今天，自然的美麗卻漸行漸遠，不知是自然在走遠，還是人心在走遠。住在大都市裡，人口密度高得使人窒息，空間越來越小，於是，花朵只能躲進懸空的瓶瓶罐罐裡，小草已退守到近郊的山坡上。公園裡的樹和安全道上的樹已成為一種嬌寵。樹，移居到高樓的陽臺上。它們在這個由鋼筋水泥築成的城市，方盒子似的高高低低的房屋中，漸漸退去。人們把一顆敏銳的心關在了四壁高牆之中，鎖住了一顆日益麻木的心靈。都市的樹，漸漸退縮在花盆裡，在家庭和辦公室中，學習適應空調冷氣，學習忘記鳥聲……不知這是社會進步的標誌，還是人類無心的漠然，別讓自己忘記天空的多變，給心靈加點美麗，給眼睛加點詩意。

美麗源於心底，詩意的美麗源於發現。校園裡的菊花開了，那樣繽紛而又美麗的花朵，開滿了一園子。每次，我都不能無視地走過那一棵棵開著花的樹。那樣燦爛的花朵，從青綠的小芽兒開始，到越來越飽滿，到慢慢地綻放，從半圓，到橢圓，到滿圓。花開的時候，你如果肯仔細地去端詳傾聽，你就能明白它所說的每一句話。一朵花兒的美並不僅僅在於形態的婀娜，更多的是，那一朵朵盛開的花兒，就因為只能開一次，所以，它就極為小心地絕不錯一步，它認真努力地綻放，這樣用生命綻放的美麗，吸引著我，並不需要我用詩意的語言來形容它的美，只需要用一雙充滿詩意的眼睛去感受它，這就足夠了。

李白走出「仰天大笑出門去，我輩豈是蓬蒿人」的封侯夢，去遊歷山水，陶淵明「不為五斗米折腰」而躬耕於終南山，充滿詩意的心靈不是他們所固有的，用一雙充滿詩意的眼睛去發現美麗，其實很簡單。早晨草葉上一滴晶瑩別透的露珠，卻映照著整個天空，閃亮奪目，這樣的美麗使人心情舒暢；休息時不妨看看窗外蔥鬱的樹，也許它正在悄悄地發芽，這樣的奇蹟使人備感精神；等車時就看看天空吧，那麼寬闊、無暇，這樣的多姿能把乏累奪走……捕捉美麗就這麼簡單，因為人人都有一顆充滿詩意的心。

正如一個典故里說的：「不是風動，不是幡動，而是心在動。」走出小屋不是因為窗外美麗的蝴蝶飛過，而是因為一顆美麗的心躍出小屋。也許我們因為工作忙、學習緊張等錯過了許多花兒的盛開，錯過了許多詩意的美麗，那就從這一刻開始，學會觀察，學會感悟吧，讓我們給眼睛點詩意，讓美麗充滿每一天！

都市繁華喧囂，難尋自然天地，但小作者用他優美的文字告訴我們只要觀察、感悟，讓我們的心靈之眼帶上詩意，那麼美麗就在每一天。

汪越華

給自己留出生命的空間

王子琦

雲南省文山第一中學

（現就讀於清華大學）

　　樹木之所以茂盛，是因為它為生長騰出了空間；大海之所以寬廣，是因為它從不給自己劃定邊界；山峰之所以高峻，是因為它不會為自己設定上限。

　　一切的生長、發展、進步都需要空間，人的生命亦如此。

　　生活中，我們總認為，充實才是真諦，唯有用時間將自己灌滿，使自己埋身於各種世俗事務中，我們才會覺得滿足，才會認為沒有在揮霍有限的生命。

　　於是，從父母到我們，每天奔走在上班、下班的路上，奔走在上學、放學的途中。有人，在這一次次無限反覆的迴圈中喪失了一些東西，或為之無奈，或為之苦惱，或歎曰：「唉，有什麼辦法呀！」從小到大，每個人都在竭盡全力地將自己生命的杯子加滿。學步時，總希望自己成為第一個會走路的孩子，於是跳過了爬，我們學會了站立；上學時，總希望自己是班上最牛的學生，於是，跳過了踏實穩健，我們嘗試了一步登天；青春時，總希望自己超越一切，無可追趕，於是，跳過了充分準備，我們衝進了這場毫不留情的暴風雨，卻發現，一切都是那麼突然，那麼無所適從。

　　最後的最後，我們終於發現，生命那一段錦瑟年華，對於你我只是一曲惘然；才發現，裝滿了的杯子原來最容易潑灑。

請給自己留出生命的空間！

每天身陷各種世俗事物，但請不要無法自拔，請不要讓世俗充斥你的思想、陰霾你的心靈，為自己的生命留出一點生發的空間，一直永遠，因為這樣才會知道，自己還缺少很多，自己還沒有達到最好，自己還可以再努力一些。更重要的是，在這份特意騰出的空間中，即使在波瀾壯闊的大海上暫時迷失了航向，我們也可以在其中找到停泊的港灣，揚起重新出發的風帆。

請給自己留出生命的空間！

生命的空間是人之本性的寓所。假若你我任意讓世俗侵襲，那本性何存？假若你我對之置之不顧，任由自己豐足，何來進步？無論多麼忙碌，多麼倉促，只需心中還有那個空間，即使只是一點，你我也不會迷失了方向。

假若為生命留出了空間，面對車輪下的小悅悅，就不會有那麼無情的人；假若為生命留出空間，面對跌傷無助以至死亡的老人，就不會有那麼多無所謂的人。

不完美之所以完美，是因它一直為生命留出了空間。

不要讓青春只是一曲惘然，請為生命留下空間！

「請給自己留出生命的空間！」這不僅是文章的標題，更是千千萬萬考生的心聲。渴望有自由的成長空間，渴望有獨立的思想見解，文章針對長久困擾考生的問題，大聲呼籲，寫出了大部分人的心聲。文章始終洋溢著火熱的激情，滿懷深深的情感，為自由和獨立唱出了一首讚歌。全文緊扣題意，娓娓道來，有理有據，具有較強的說服力，讓讀者自然而然地感知事理。語言精練灑脫，行文張弛有度，使文章增色不少。

王懷靜

不可或缺的情緒

馬 盼

雲南省昭通第一中學

毛毛蟲怎樣渡河？

有些情緒你不可或缺，在你的盛大或者荒蕪的生命裡。

總是自以為是又愚昧無知的我們，在生命這場遊戲裡，總要經過這些難以磨滅的心情，我們才會成長。或許這讓你撕心裂肺、刻骨銘心，又或者讓你深陷其中、不能自拔，但這一切都只是你成長所必需的，雖然疼痛，卻無關乎傷害。

一、在牆外

不想用「孤獨」或是「寂寞」來矯情地定義這一情緒。我寧願叫它「在牆外」——一種站在了牆外，看得見牆內一切悲喜繁華卻觸及不到的感受，一種滿天絢爛的煙花在頭頂綻放卻與我無關的心情。

你有嘗試過嗎？

明月花燈，遊人如織。一個人走在那樣繁華的街道，有喧鬧的人群和燦爛的煙花，一切好得天花亂墜、如煙似夢。

可是突然，心就空了一下，在短暫的黑夜中，好像鏡頭突然地拉遠，這世界的一切繁鬧與喧囂一瞬間都變得遙遠而不可觸及，你就站在這個世界中，卻被活生生地隔斷，你站在那麼近的地方，卻始終到不了嚮往的裡面。自始至終，你都站在了牆外。

二、NeversNevers，是歐洲的一座小城，譯作永不。

　　瑪麗・杜拉斯曾經說過：「我想要找一個地方安置愛情，結果，我找到了 Nevers。」

　　杜拉斯又說：「我要你和我一起來 Nevers！我要你死在 Nevers，我要你死在這裡！」我想，這應該是世上最感人的情話了，想不到是怎樣的心痛與絕望才能有如此的情話，讀著就讓人有一種想哭卻哭不出來的無力感。

　　因為杜拉斯的話而深深地愛上了這個人，也愛上了這座名為「永不」的小城。只為她話裡所帶的讓每個人都感同身受的絕望——一種奇妙的宿命感，每個人都與生俱來，逃脫不掉。

　　因為絕望有些時候就需自欺欺人的安慰。就像杜拉斯歇斯底里的哭喊何嘗不是一種無可奈何的臆想，就像 Nevers 何嘗不是人們本來就不可能實現的願望。

　　相信每個人的內心都有最空白、最軟弱、最渴望被保護、被填補的缺失。想要填補它就只能越來越不由自主地深陷其中，如同致幻劑製造出的幻境一般，使人不斷地沉迷其中，不斷地受傷，卻又心甘情願地疼痛。

　　其實，有些時候，真的只是上了癮，不可或缺，不是因為你有多需要，只是因為你迷戀上那不顧一切的疼痛與快感。

三、《橘子香味》

　　記得很多年前曾經看過一篇名為《橘子香味》的文章裡面有一句話是這樣說的：「總有一些東西是你成長過程所必需的，一旦缺乏你將終生因此而感到飢餓，哪怕你擁有了全世界的財富，你小小的胃也仍然是空的。」我想，每個人都會有這樣深入骨髓的感受。因為要瞥見深夜裡絕美的月光就要先獨自面對無邊的黑暗。要體會驀然回首時的雲淡風輕，就要先感受經歷疲憊不堪到無力負荷的疼痛。要知道這世上有些人有多溫暖，就得先體會這世上有些人有多

寒冷。要清楚每一個十字路口都通向怎樣的未來，就要一個人面對無數不可預知且難以抉擇的悲哀。

總要經歷那些不可或缺的情緒，才能去成長，堅強，去做那些我們很久很久以前就開始期待的事情。

也許這所有的一切都讓你難過委屈、痛徹心扉，也許你無法選擇亦不可抵抗，但始終，你是那條毛毛蟲，你要渡過河流，完成那些你終要完成的成長，經歷那些能迫使你更強大的難過委屈。有些情緒你不可或缺。

所以，還記得最開始的那個問題嗎？

毛毛蟲怎樣渡河？

變成蝴蝶。

別樣的思路，花樣的文字，在淡淡的感傷中氤氳著一種叫堅韌的香，在跳躍的思維裡舞蹈著永不言棄的從容。於是「毛毛蟲變成蝴蝶」飛越河流，平平常常的腦筋急轉彎閃現出不平凡的青春感悟。

程興明

靈魂的堅守

矣勖姝

雲南省昆明第三中學

　　博爾赫斯在〈愧對一切死亡〉中寫道：「死者一無所有，僅僅是世界的墮落與缺席。我們奪走它的一切，不給它留下一種顏色，一個音節。」

　　但我們難以奪走的，是靈魂。我羨慕那些朝聖者的靈魂，像黑夜裡永不感到疲憊的眼，為大地重新創造著光明；我羨慕那些不屈者的靈魂，像深海中靜靜沉睡的珊瑚，凹陷的殘體中迸出力量；我羨慕那些苦行者的靈魂，像古木上凝團的琥珀，在互古不變的變遷中堅守禪心；我羨慕那些孩子們的靈魂，像弦上發出的生命的箭頭，用熾熱的心情不知停歇地愛下去……我更羨慕的是那些活在死亡中的靈魂，同所愛之愛在一起，同曾失去的孤獨在一起，在沉默中動盪不息。

　　每個孩子小時候都讀過《人魚公主》，都為小人魚的愛情而感動，為小人魚最終化為泡沫而傷心。但長大後，細細讀來，與其說這是一個追求愛情的故事，不如說它是一個追求靈魂的故事。在海的遠處，海水藍得像矢車菊的花瓣，晶瑩得像一塊玻璃，宮殿上一開一合的牡蠣，中心的珍珠閃閃發光，海裡的人們盡情地歌唱舞蹈。這一切多麼令人嚮往，然而這樣的美好背後，更多的是空虛與無聊，他們有三百歲的壽命，有無窮無盡的珍寶，有安全舒適的家

圍，但他們沒有靈魂。像小人魚的外祖母所說的那樣：

「我們可以活三百歲，不過當我們在這兒的生命結束的時候，我們就變成了水上的泡沫，我們甚至連一座墳墓也不留給我們最心愛的人呢。我們沒有一個不滅的靈魂，我們從來得不到一個死後的生命，我們像那綠色的海草一樣，只要割斷了就再也綠不起來了。」這樣的長壽又有什麼意義呢？

小人魚放棄了長壽，捨去了魚尾，失去了最為寶貴的聲音，離開了家人和大海，為的是什麼呢？難道僅僅是一份一見鍾情的愛戀嗎？不，絕不是這樣的。可以說她是為了王子，那個她深愛著的、並能給她不滅靈魂、給她全部生活希望的人。只要他能愛她，以全部的思想和愛情，忘記家人以及周圍的一切，願意永遠與她在一起，她便可以獲得一個同樣不滅的靈魂，可以像人類一樣在死後永生。但，王子終究還是沒有愛上她，他深愛的是那個「救」了他的鄰國公主，一尾魚注定只能旁觀他人的幸福。

即使她的姐姐們用自己的頭髮為她換來再次變回人魚的機會，她還是放棄了，她不想再一次回到那副沒有靈魂的軀殼中，不想在空虛與迷茫中活過三百年，不想在死後就化成泡沫而不能留下一點自己的痕跡。故事到這裡，也許連作者本身也不忍心了吧，便把結局寫成小人魚化成泡沫升上了天上，天堂裡的人告訴她只要再等三百年，便可以擁有一個不滅的靈魂。

這樣付出了生命和漫長等待換來的靈魂，也許才是真正不滅的吧！

影片《海上鋼琴師》的開頭說過這樣的一句話：「每一艘船上都有第一個發現自由女神像的人，他們以高聲呼著、推擠著，為了一個不知道結果的目標而激動，從而開始新一輪的奔波。」但，他們想過嗎？擺在他們面前的，是浩茫的城市，光街道就有幾千條，房子也有那麼多，太多的選擇擺在面前，他們將何去何從？又怎樣

去愛上一個人，擁有一所房子，得到一塊土地，開始一種生活呢？在那麼多的選擇面前又怎麼不會精神崩潰呢？與電影《楚門的世界》所給出的答案：「要！寧死也要！」所不同，《海上鋼琴師》給出的答案是：「不要！寧死也不要！」同樣讓人震動。

影片的主人公一九〇〇生於船，長於船，死於船，一生從未踏上過陸地，即使在影片末尾，那艘船將被炸毀，唯一的好友冒著生命危險勸他下船時，他仍沒有動搖。他說：「陸地是一艘太大的船，是太漂亮的女人，是太長的旅程，是太濃烈的香水，是無法演奏的音樂。我寧可捨棄自己的生命，也不願意在一個望不到盡頭的世界生活下去。我之所以停下來，不是因為我所見到的，而是因為我所見不到的。」他堅信著維吉尼亞號才是他唯一的歸宿，船上就是他的世界，那個陸地上的世界只存在於他的幻想之中，有著太多的不可知與不確定，而大海才是他靈魂的寄居地，在那兒才可以聽到自己內心真正的聲音，明白自己為什麼而活。誠然，他的靈魂活在他捨棄生命的堅守中。

對靈魂的追求，可以說是人一生最神聖而偉大的事；對靈魂的堅守，也可以說是人一生最莊嚴而美好的事。每個人擁有著不同顏色的靈魂，不同內涵的靈魂，以自己所喜愛的方式擁抱靈魂。讓我感動的、讓我敬重的是那些敢為了靈魂付出生命的人，他們是極少數的，但又是極偉大的，他們有著為靈魂而活的勇氣和決心，他們以死亡換來的靈魂，是不滅的，聖潔的。

讀書、看電影都是人們喜歡的生活方式。大多數人看了，心有感了，慢慢也就忘了。只有少數人會把好作品「學而時習之」，真正融入生命成長中。小作者對《人魚公主》與《海上鋼琴師》的解讀，正是這樣「同所愛的在一起」的心唱。雖沒

華麗的字眼，卻有著鮮明的態度。生活於人都是一樣的，卻又是完全不一樣的，這矛盾的存在只應人的思想。因此好文章就是在平淡的生活中開出自己的思想之花，用自己獨特的生命體驗去詮釋人生。小作者這一點是做得很好的。

為了靈魂付出自己的生命，用死亡換來的靈魂是不滅的。這是小作者用她的心告訴我們的她對生命的理解。願意用生命換取靈魂，這是多麼高貴的追求啊。十六七的孩子能有這樣的見解讓人震撼，亦有心疼。年輕的生命去擁抱生命的真諦，也意味著要過早地丟棄生命中一些安逸的幼稚，面對更多的殘酷。但只要是成長，就不會沒有傷痛的撕裂啊！用我們的語言、言語，我們生命的蛻變成長吧！

戴慶華

流年卻似磨刀石

鐵宇單

雲南省昭通第一中學

悲傷不一定就要流淚，你不妨微笑面對；跌倒不一定就要頹廢，再度爬起會更完美。

——題記

一直以來，我都堅持認為，人的靈魂是不同形狀的虛體，有的是只有一條邊的半圓，有的是多個棱角的多邊形，還有的也許是一條線。

一條線？是的，一條線。在我看來，所有的圖形裡，只有線段是最簡單也是最狂妄、最囂張的。因為它總是那樣任意妄為地直來直去，無處不在。它同於所有的其他圖形，同時又異於所有的其他圖形。

我一直認為，我的靈魂就是一條線，固執，簡潔。我之前一直以為，人的靈魂的形狀是永遠不會變的，就像人的生命，若變了，這個人便被毀滅。但，僅限於之前。

在那個空氣裡湧著熱潮的夏末，我成為了十五歲的我。十五歲的我，是一名高中生，年齡的增加，對我而言只是量變，我還是那個固執、隨性了十四年的我，我不想改變。但是，現實就是現實，沒有人能在現實面前趾高氣揚。

隨著時間的流逝，我悲哀地發現，我所有的銳氣並不像過去的

五千多個日日夜夜一樣肆意地外放，所有的它們都倒反過來，狠狠地刺中我，我眼睜睜地看著如注的猩紅順著皮膚的紋理滴下，徒留一地、觸目驚心，還有，遍體鱗傷的我。

原來這片叫作高中的天空，並不似我想像中那樣蔚藍。頭頂是大片的烏雲撕扯著天空，心裡，殘酷的現實侵蝕著我。我開始害怕，不止一次地反問自己，難道我最後，終是要被磨去形狀麼，終是會被毀滅嗎？

我無力反抗，只能接受。

於是我開始安靜地接受現實，安靜地隱於邊隅，安靜地混入三三兩兩的人群，安靜地收起我滿身的刺。我開始近乎習慣性地刻苦學習，也習慣性地在戴著腳鐐的舞蹈中認真地踏著每一個音符，我甚至在四十五分的化學面前微微一笑，然後再握著筆在試卷上寫寫畫畫。

那一天遇見初中的同學，我輕輕笑著打招呼，聊了幾句，她突然認真地說，你變了。變了，哪裡變了？我問她。不知道，感覺不一樣了，她笑。

我開始懷疑自己的棱角是不是已經被磨平了。也許過不了多久，我就會像你像她像任何一個路人一樣，走在路上，神色迷茫，但我卻是更加習慣了生活的忙碌和學習的繁重。內心很固執，但大腦很理智。心的飛翔可以不受大腦牽制，肢體的活動卻要受大腦的支配。

每天面對身邊的優等生，我汲取了向上的力量；每晚行走在縹緲的夜色裡，我擁有了拼搏的希望；每次跌倒在失敗的陰影下，我學會了平靜地對待。心裡的那條線，緩緩地被磨去尖銳的兩端。

漸漸的，我開始懂得，悲傷不一定就要流淚，不妨微笑面對，跌倒不一定就要頹廢，再度站起來會更完美。周遭環境會影響人，但人不一定就能影響環境。你悲傷，全世界卻只有你聽得見淚水從

你臉龐滑落的聲音；你快樂，你眼裡便滿是陽光明媚、姹紫嫣紅的歡欣。

我終於明白了，這是一條人人必經的路。每個人都會在此段行程中接受打磨，被磨成更適應夢想的形狀。這不是強制的改變，這是成長，人不經過一點一點的打磨，是學不會成長的。這個過程也許是痛苦的，但卻是不容放棄且也不會放棄的。要相信，你哭泣過的畫面總有一天你能微笑著呈現。我傾盡所有，只為換取明日的橘綠橙黃。

原來，人的靈魂不是不會改變，改變也不是毀滅，而是重生；靈魂的形狀不是不會改變，它只是人的個性，而不是人的本性，褪去所有的浮華後，我仍是我。一個不同於你、不同於他、不同於任何一個人的我。我，行走在成長路上。

兜兜轉轉了一圈，還是回到原點。只是，流年磨去了我的尖利，世事消卻了我的固執。於是，收拾好麗日殘紅，趁著流年，一路追尋，去往遠方。

遠方，心之所向。

痛之切，悟之深。生活的哲理，成長的軌跡，鐵宇單通過凝練的語言，以真摯的感情，給我們上了一課，讓我們領悟「流年卻似磨刀石」的哲理。作為她的老師，我目睹她為語文科代表進退的情景，見她執著、向上，見她憂慮、沉寂。一生中的一次次起伏，蕩過的是似水流年，是鋒利的刀刃，也是鈍滯的磨刀石。真誠、深刻、雋永，綻放出思想的火花，築起藝術的殿堂。

尹宗義

身體和心靈同行

何佳欣
雲南省昆明第一中學二〇一一屆

　　張恨水在《金粉世家》的序言裡曾寫過這樣一句話：「憶吾十六七歲時，讀名人書，深慕徐霞客之為人，誓遊名山大川。」徐霞客用三十四年的時間走遍了大江南北，寫下了令後世神往的《徐霞客遊記》，李太白十五歲便仗劍去國，遍遊天下名山大川，留下了無數壯美的詩篇。從曲徑通幽的禪房深處到大漠孤煙的戈壁沙漠，從二十四橋明月夜的玉人吹簫到黃鶴之飛尚不得過的蜀道，乃至於那雪花大如席的燕山之下，都曾經鐫刻著詩人游俠的腳步。

　　中國人自古便崇尚讀萬卷書，還要行萬里路。這是一種有著實踐精神，重視親身體驗領悟的人們才會有的思想。可以說，倘若沒有這樣的思想，我們的大多數前輩就只會成為埋首故紙堆的考據者，而那些生動感人的作品便不會出現了。每一讀到遊記或寫景的詩詞，便油然產生一種心馳神往的衝動，而每到一個地方，我也總會在腦海裡回憶起前人留在這裡的文字詩篇，彷彿若沒有這些文字，這個地方便失去了很多靈氣。這也許是我的誇張，但不得不承認的是這些文字的確有不一般的魔力，一種莫名的卻無法忽略的魔力。

　　可是在不知不覺中，這樣的文字卻是越來越少了，以至於現在

我們到了泰山能夠想起的還只是杜少陵的「會當凌絕頂，一覽眾山小」，到了盧山還是只有李太白的「飛流直下三千尺，疑是銀河落九天」，站在杭州的古城裡，腦海裡揮之不去的仍然是「暖風吹得遊人醉，直把杭州作汴州」……這樣的例子實在舉不勝舉。不知道這是一件值得驕傲的事情，還是一個頗有諷刺意味的現象。我們的文化寶庫是那樣的豐富，或者說我們只有炫耀前人的東西而沒有自己的創造。

我們讚歎前人的佳作，是因為那是他們身體力行、用心感悟的創作，是他們跋山涉水、燈下揮毫的結晶。他們在雨中蹚過泥濘，也許只為了看一眼那隱藏深山的古；他們在風雪中跋涉，也許只為了等待那大雪初霽後的第一抹梅香。在那個只能依靠人拉馬馱、水陸輾轉的年代，他們依然走得那麼遠，走得那麼美。那是一個沒有光影的年代，有的只是手中的一枝狼毫；那是一個沒有服務的年代，有的只是林間的休憩和山間的借宿；那是一個沒有運輸的年代，有的只是一雙腳外加一個包袱。可就是在那樣的年代，我們卻得到了關於旅行最好的註解：身體和心靈的同行。

是的，只有身體參與的旅行，沒有生命的意義，也沒有旅行的價值，哪怕我們的身影曾經留在山川的角落，甚至於還帶走了無數的照片和紀念品。那不過是身體曾經到達而已，試問心靈何在？沒有心靈伴隨的旅行，就無法體會到西湖的斷橋是怎樣祭奠曾經的愛戀，草堂斑駁的牆壁下是否曾留下過詩聖躊躇的身影，自然也無法理解那北岸的皇后大道從東到西隱藏的流年時光，也不會明白那滾滾而逝的長江水何以載得動濃濃鄉愁。

不知從什麼時候起，我們開始迷戀於合影留念這樣的行為。將自己的影像用膠片永遠定格在風景之中，彷彿那是我們曾經到過這裡最好的證明，也是生活中一次難忘的經歷和最好的紀念。再者便是帶走一件件的紀念品，或是當地最有特色的精美製作，抑或是一

件縮小了 N 倍的複製品，以至於家中的陳列櫃上擺滿了各式各樣的小東西，相冊裡、電腦裡存著我們各種各樣的和風景的「合影」。不知道是不是只有這樣，只有看到這些東西的時候，我們才會依稀想起：原來我也曾去過那裡，原來那裡還有這樣的一處景致。

　　春來花自清，秋至葉飄零，無窮般若心自在，語默動靜體自然。旅行本就是為了讓身體和心靈都得到放鬆，讓身心在自然的氣息裡得到最好的釋放。當然，也是為了讓自己能夠通過這一次一次的出行獲得不一樣的感悟和經歷。即使如此，我們又怎能放棄心靈而只帶走身體呢？境隨心生，沒有心靈的旅行就只是一次徒勞的身體勞作，除了使自己奔波於茫茫人海得到一身疲憊將一無所獲。只有帶上心靈和身體一起，你才會在身處景致之中的同時感悟到景致之外更深層的東西。那時的你，也許會因為發現蔥蘢的綠樹裡一抹秋紅而會心一笑，也會在清晨雨後初晴的山間，望著濛濛雲霧而瞬時覺得猶在仙境。帶上心靈出行，就算是閉上眼睛都可以看得見那雲蒸霞蔚的美景，因為心的停留可以讓你傾聽到自然的呼喚。

　　也許有一天，我們真的可以聽到屬於自然的呼喚。

周國平曾指出：「現代生活的特點之一是靈魂的缺席。」令人不得安寧的快節奏、遠離自然、傳統的失落等種種均屬於此。本文「身體和心靈同行」既感慨古人艱難而美麗的靈魂與肉體同行，更悲歎今人舒適卻蒼白的身心分離。走進自然，並非真的貼近自然；去過某處，並非某處真就進駐你心。文章雖說從哲人的文字中獲得啟示，卻也能有自己的思考與拓展，且語言優美流暢，具有深情。

田茂香

文字‧時光

黃佳鳳

雲南省昆明第一中學二〇一一屆

（現就讀於華中師範大學）

那是某個隨時間淡去的場合，某段隨歲月褪色的記憶。瀛海望過去，是無限廣闊的山川，無限廣闊的世界。而今，只剩下嘈雜混亂的空間，聽見呼嘯而過的風聲，微弱的光芒印刻在泛黃的紙頁上。

我在烈日中依稀看見夕陽的影子。

總要按照一條必經的路線去尋找生命中所缺失、所希望的一切。一瓶未用盡的墨水，一枝細長的鋼筆，這些東西與飛速流逝的時光吞噬了過往的歲月。生命有各自不同的寄託，雁的寄託是天海，心念的寄託是理想，而我把生命的一切一切寄託於筆桿，寄託於印刻在紙上的情思。在天海的對岸，在夢裡的故鄉，在被狂風烈火蠶食過的荒瘠土地，緊握著手中的筆，在海峽兩岸，在過去與未來，寫出一道淺淺的痕跡。

埋頭於空白的紙頁之間，我常常會忘記，時間原本是會流動向前的。

兒時，望著窗前靜靜流過的河流，微笑著，思索著，總想找到一種方式能夠表達那些不能言語的感情。我站在高高的山岡，走在盛開著油菜花的小路旁，捧著叫作書的沉甸甸的夢，朝著某個光亮的路口奔跑前行。那是怎樣一段歲月啊，我聽見，比歌曲更動聽的

音律，我看見，比天際更廣闊的蔚藍世界。

　　每個孩子都在為遊戲和流浪瘋狂的那些歲月，我讀著簡楨的〈落葵〉，伸手觸摸著一筆一畫，任憑那些平仄交織、落筆有致的文字像一道暖流，滑入指間。

　　「或許行年漸晚，深知在勞碌的世間，能完整實現理想中的美，愈來愈不可得，觸目所見多是無法拼湊完整的碎片。」

　　「不問從何而來，不貪求更多，也不思索第一次相逢是否最後一次相別。」我渴望寫下生命的每一個片段，不知疲倦，不知停止，在這樣的經歷中一路走下去，攜帶著我的文字，一直走下去，哪怕只是站在清冷的白色吊燈下，去想像朝陽升起時萬頃光輝，從黯淡中走向無際的光亮。因為文字，萬年前，萬年後，我們懷著同樣的記憶仰望，在時代的洪流盡頭回望，也只有那被稱為文字的刻印，為當時的煙雲，當時的滄海，留下可循的印記，又尋著千年的蛛絲馬蹟挖掘出陳舊的詩文與簡籍。

　　故而，或許無比艱辛，也要一直一直，執著下去。年少的光景就這樣，會漸漸遠去，死亡和離別是這樣一條固定的路線。「於無常的輪迴中，從容行走。掬起你遙遙的聲音，突然沉默若空。」翻著爺爺曾經寫過的日記，那些懸掛在牆壁上的宣紙暈染著墨蹟，我忘記改變更替，忘記說一句再見，或永別。我抬頭看著這些文字，感慨於生命的燦爛悲哀，恆河靜謐，流水平息，柳樹剩下了殘枝，我尋著淺淺的痕跡和思憶，看見金色的波瀾，映像出垂柳的影子，文字是一曲輕歌，讓原本咬在唇邊可以脫口而出的句子打了結，在寒涼如水的空氣裡被硬吞下去。文字安放無處安放的愁緒，文字吟詠我無法吟詠的詩句。

　　也許生命會終止，也許熱情與期待會慢慢消退，手指一直承載著文字的重量，時光的遷移把無數的光影拉長，經過變換再瞬間消失，偶而也會在不合時宜的情況下想起這樣的畫面，寫字時落不下

筆，像是被突然間切斷電源的機器。也許，很多年後，會有人想起這些逝去的年月，因為未曾珍惜而追悔莫及，落筆之後，卻又發現呼喚的名字早已隔著幾捧黃土化成粉末。但我永遠是文字海洋中撐著船槳的行客，豎起白帆，劃破翻滾的白浪。前方會有多少的坎坷與鋒芒，我攜著的夢，都會在那溫柔的一筆中永遠堅持微笑，微笑，一筆一畫成為美好的片段，片段的末尾是一行塵封已久的文字，文字的盡頭是夢，夢的盡頭，是遙不可及的深淵，也是無限絢爛的天空。

這是永恆，我永恆的追隨。

「在靜謐中默默靜化世間紛擾的塵屑，在內心深處保留一片屬於自己永恆的淨土；讓一切年少的憂悒都隨之零落成泥，悄悄掩埋。塵思滌盡，胸臆中有空山靈雨的清明，這便是我唯一的企求。只是你不曾明白我纖柔的心思，常常困惑我心底寧靜的矜持。」或許，你永遠都觸摸不到這悄悄靜靜的風，只讓我文字的幽魂空空地迴旋於你的上空……

作者的思緒一直游動於古代與現代之間，用了很多意象，如朝陽、河流、淨土等表達自己對美好的渴望，文字中有古典的感性，也有現代的理性，立意鮮明，表達了對生活以及文字的喜愛。文章細節描寫細膩，結構緊密，語言生動，行文流暢。清新自然的文字和獨特的視角引人入勝，宛如做一次靈魂深處的呼吸，滌淨暗淡蒙塵的心靈，守住夢想淨土，勇敢而向上地面對生活的挑戰，沒有刻意的煽動，只有隨意的揮灑，有些小小的憂愁，卻不會顯得過於沉重。

楊珂

我的陋習

楊　迪

雲南師範大學附屬中學高一年級

　　我生於蟄蟲昭蘇、萬木競秀的春天。那些自作聰明的人類將我的家族喚作「雁」。而父親卻總喚我作「小蠢雁」、「呆鳥」之流，因為我身上的陋習實在很多——諸如對著食物看很久卻不張嘴之類的壞毛病似乎久已根植，擺脫不盡。

　　當年恰逢雨順風調、萬物欣榮，過分充沛的食物竟讓我活到絨羽褪盡、展翅待飛的年齡，實為鳥族之不幸。

　　入秋，草露敗跡，舉族待遷。我雖不如周圍諸雁一般飛得四平八穩，卻也十分享受——翅尖滑過來自大西洋的柔風，微微的濕意與擋不住的暖流抬著潔白無瑕的羽翼緩緩升起。兀自興奮間，一句罵聲如當頭棒喝，劈將下來——「唉，蠢鳥！你看你，怎麼飛的？沒見這兒隊排得好好的嗎？飛那麼高，衝天啊！」我嚇得趕忙彎折單翼漏出上陞氣流以降至「人」字形末端，卻又因動作過大而搖搖晃晃，狼狽不堪，惹得眾笑連連。好不容易站對位置，我羞得直想將頭頸埋入羽間，又怕身體再次失衡，只敢僵著，隨「別鳥」肅肅其羽。

　　福克蘭群島，金沙鋪地，碧浪撫岸，是雁族歷年遷徙必須經停的休整之地。一種被人類稱為「賊鷗」的鳥做了我們的鄰居。我總疑心我族眾鳥的審美水準，因為他們好像十分不喜歡這種赤喙圓潤

的可愛鳥兒。一次覓食歸來，忽遇一隻鷗蜷伏在岩縫間瑟瑟發抖，我遂飛了過去，詢問是否需要幫助，不答。看他憔悴瘦弱的樣子，想是病了餓著，當即吐出一條捕到的魚，拋至他眼前。周圍原本聒噪的鷗群見到我的動作紛紛噤若寒蟬，復而竊竊私語起來。那隻鷗向我投以充滿感激而不可思議的目光，我滿足地飛走了。

不曾想，待我回歸族群，流言如毒瘤般迅速擴散。「多事」、「賣族」之類的罵語在我走過之地肆無忌憚地響起。直至再次啟程時，沒有哪支隊伍同意接納我這隻傻雁。萬幸，蠢鳥也有母親，她實在看不下去，開口央求幾句，我才勉強跟在了最後一支隊伍的末端。

但作為代價，我必須改掉所有的陋習——不能自由飛舞，不能同情他族，只能安分守己，專心飛行。

我自然十分珍惜這最後的機會，果真專心地飛好位置，心無旁騖，連振翅的頻率都萬分努力地與他雁保持一致。

此後直到飛抵目的地，一直平安無事，可我總覺得每一天都在扮演一隻別的雁，自己卻空了。

終點的情景讓群雁驚心——傳說中的碧草連天如今僅剩白岩皚皚。找族長問明情況後，我即開始即興演講：「咱們去離此不遠的那座孤島吧，我飛來時看到了，涓涓細水，如蔭綠樹，足夠我們一族過冬——」

「閉嘴！」我被粗魯地打斷，「你這叛族的蠢鳥，竟想讓我們放棄祖宗千萬年的基地，簡直居心叵測！快帶著你的臭毛病滾吧，我們不會聽你的！」「對，趕走他！滾出去！」眾鳥紛紛應和。

驚詫、悲傷充盈我心，望著四周忍無可忍的群雁，我明白再多的辯解也只是惘然，遂振翅高飛，永遠離開了他們的視線。

在高空盤旋，心亂不知所歸何方。忽一陣暖流自下而上，托起我萎靡的雙翼。任來自大西洋的暖風隨意將我送到碧海青天，久違的感覺觸動了我的脈搏——是啊，自我！縱使我有千般陋習、萬般

不是，可那就是我——一個特立獨行的我！

離族固然孤單，但我願攜「陋習」無數，獨自遨遊到地老天荒！

這是一篇構思獨特、富有哲理的文章。作者反向著筆，所寫陋習，恰恰是「憐憫」、「包容」這樣一些良好的品性。全文借一隻「特立獨行」的大雁之口，表達了與陋習的鬥爭不僅需要勇氣，還要付出代價。一個高一的學生，能作如此深入的思考，很難得。

文章在佈局上有頗多值得稱道之處：一個在「人」的世界裡不好表達的問題，作者把它放到「鳥」的世界去表達。文題中的「陋習」被詮釋為「不能自由飛舞，不能同情他族，只能安分守己，專心飛行」。而「我的陋習」，剛好相反，所以我要「攜『陋習』無數，獨自遨遊到地老天荒」！作者立意深遠，顯示出一定的寫作功底。

李　月

站出來的勇氣

梁振斌

雲南省文山第一中學
（現就讀於清華大學）

最早劃破天際的曙光，最終也會消失於茫茫黑暗之中。縱使力量微小，卻能喚起無窮的光明，這便是它誕生的意義。

這個世界，總有一些人在最需要的時候挺身而出，儘管他們有時微不足道，儘管他們有時會被無情地攻擊。但正是因為有了這些人，才造就了後來無數人的義憤填膺，才有了後來無數人彙聚起來的強大洪流。

暴政，殘酷的刑罰。即使是最安分守己的農民也會因為荒年繳不上稅而被沒收家產，淪為農奴。無數窮苦人民因此家破人亡，妻離子散。妻子盼望被抓去做徭役的丈夫早日歸來，但也許這一別就是永別。遺民淚盡，魂銷骨蝕。而荒淫無道的秦二世卻貪得無厭，得了天下並不能滿足他的野心，他還要過神仙般奢華的生活。他錦衣，別人就只能衣不遮體；他玉食，別人就只能饑腸轆轆。無數人的悲劇，只為滿足胡亥的一己私欲。天下百姓，敢怒而不敢言。在黑暗中，終於有人站出來為人民說話了。陳勝、吳廣揭竿而起，只為伐無道、誅暴秦。雖然知曉秦的強大，他們仍然選擇了挺身而出，因為總得有人衝在最前面，總得有人打響第一槍。雖然他們最終沒有打下天下，但他們卻引起了天下的共鳴。群雄並起，最終將秦的暴政推翻，取得了天下的安定。

在封建社會裡，他們是無私的，是勇敢的，他們是英雄。

在今天的和諧社會，我們不再需要衝鋒陷陣，血戰沙場，但為了正義而首先站出來的勇氣，卻不可缺少。

是什麼，使得小偷在得手之後還能大搖大擺地離開而無人呵斥？是一種「站出來」的勇氣的缺失，但幸運的是，我們已經看到越來越多的人能夠勇敢地站出來了。

若不是南京市一個名不見經傳的醫生敢於站出來，向國家食品藥品監督管理總局揭露「大頭娃娃」事件，震驚全國的毒奶粉還將毀掉多少孩子？

若不是廣大網友勇於站出來，質疑周正龍老虎照片的真實性，正龍拍虎的鬧劇還將上演到幾時？

若不是那麼多「最美的人」站出來捨身救他人，又會有多少慘劇發生？

很多時候，世上並不缺乏正義的力量，少的只是那份站出來的勇氣。

呼喚社會正義力量的出現，渴望社會正義力量的壯大，是我們每一個有良知的社會公民心中共同的願望，或許你我都缺少那一份「站出來的勇氣」。作者用自己的語言和思想為我們展示出了他對這個問題的思考，用蘊涵理趣的文字鼓勵每一個社會人多一份「站出來的勇氣」，這也表現出了作為一個現代青年獨有的擔當和責任感。

文章角度好，立意新，視野開闊，有一種高屋建瓴的氣勢，讀來備受鼓舞，令人振奮，這使得文章收到了很好的表達效果。

王懷靜

智做「出頭鳥」

陳　權

雲南省楚雄第一中學

　　歷史上曾有許多英雄豪傑，他們個性鮮明，與眾不同，奮勇打拼，敢為天下先，總是開闢出一條屬於自己的成功之路，被稱為「出頭鳥」。但我要說，不是有能力和才幹，就能做出頭鳥。做出頭鳥，需要變通，需要明智。

　　出頭鳥固然要有淩雲壯志，要敢於鬥爭，可是如果不考慮實際，只知一味出頭，那麼教訓將會是慘痛的。讓我們遨遊於歷史長河中，探尋先人給我們留下的智慧，明白其中道理。

鏡頭一：

　　公元前一百多年前，楚漢爭霸。馬蹄聲急促，一路掀起塵土，這是一條通往漢軍大營的小路。馬背上的人正是漢軍統帥——劉邦，他剛從新豐鴻門離開。儘管劉邦剛脫離了人生中一次最大的危險，但他內心依然平靜如水，他清楚，項羽不會殺他。劉邦雖雄心勃勃，欲王天下，但在項羽面前，他表現出胸無大志，溫和乖順，連稱王關中都不敢提，活脫脫像隻怯懦的小鳥，哪跟出頭鳥扯得上關係！

　　劉邦是個有雄才大略的帝王，他的心思，路人皆知，可為何唯項羽不知？因劉邦懂得收斂、藏鋒，這也是他騙過項羽、成就霸業的秘訣啊！由此可知，做出頭鳥，並不意味著鋒芒畢露。

鏡頭二：

東漢末年，三國鼎立。主簿楊脩戴著沉重的枷鎖和腳鐐，在漫天黃沙中，披頭散髮，走向刑場。此刻他內心悔恨交加，痛苦不已，他的腦海中浮現出一幕幕往事，從解「活」字之謎，到食酥，再到雞肋事件，他痛心歷數自己幹下的一系列糊塗事。楊脩反省，正是他太過出眾，太過自作聰明，才招致曹公猜疑，而致殺身之禍啊！

楊脩也可算是才智不凡、鶴立雞群之人，但他是最蠢的出頭鳥了。古語云：「木秀於林，風必摧之。」他不懂謙遜，不懂虛懷若谷，所以出頭被槍打，也是定數。所以，做出頭鳥，並不意味著恃才傲物。

鏡頭三：

公元前四百多年前，春秋爭霸。吳王夫差為報殺父之仇，率軍攻越，越國大敗。為免亡國之災，句踐用范蠡之計，向吳稱臣納貢。句踐親自到吳都，住在夫差父親墳前守墳。夫差出行，他做馬前之卒。夫差生病，他親口嘗糞卜疾。夫差以為他誠心降服，放鬆警惕，放他回國。可句踐回國後臥薪嚐膽，勵精圖治，十年後一舉發兵，吞滅吳國，一雪前恥。因此，做出頭鳥，需要忍辱負重。

……

在歷史風塵中，在一個個鮮活的人物經歷面前，我們感受並領悟了做出頭鳥的智慧，那便是——懂得審時度勢，學會變通。

做一隻既聰明又審時的出頭鳥，既能開闢出成功之路，又不會被環境扼殺，我們何樂而不為呢？

此文巧妙地運用了蒙太奇式的結構刻畫出栩栩如生的歷史人物，每個鏡頭突出一個方面，共同凸顯了「智」的主題和內蘊，技巧運用老到嫻熟。

楊蔚蔭

真風度賦

李思源

雲南省曲靖第一中學二〇一二屆

（現就讀於天津大學）

倉廩實，民知禮；社會新，文明舉；人重德，規範習；風度追，理境齊。百姓之風寧兮，在於淳樸；學者之風雅兮，在於博知；君子之風翩兮，在於仁儀。

彬彬而知禮兮，順行於世；熠熠有風度兮，重敬至極。風度何物？立世之宜；風度何如？心靈之琦。古往今來，相傳不疲。

盛美詩唐，有此一狂，貴妃研墨，力士脫靴。飄飄乎如道骨仙風，巍巍然似雪嶺淩空。雄哉！傷太白之秦月兮，西風殘照；敬太白之大笑兮，豈是蒿蓬？感太白之邀月兮，對影成三；記太白之行路兮，破浪長風。佩太白之放鹿兮，安能摧眉？愁太白之長亭兮，何處歸程？談笑有江海之氣勢，文筆凝大鵬之豪情。人世獨立，謫仙風度，放任形骸，蔑權鄙富。留一世之清名，享千秋之盛譽；樂生前之豪放，傳身後之風度。

唐宋兩文豪，占籍皆巧蜀。詩詞雖有異，一脈承風度。愛東坡之精神兮，南荒不恨；悟東坡之境界兮，無雨無晴；感東坡之魅力兮，千里嬋娟；歎東坡之感慨兮，世事大夢。超然於人世，融合乎永恆。任姦佞之囂張兮，歸然不動；隨境況之惡劣兮，純淨心寧。下狎田乞，上陪玉皇；眼見無邪，耳聞皆良。洶洶然其腹內文采，浩浩乎其胸中氣量。東坡風度，敵友共觴；瀟灑物外，笑談滄桑。

憶昔三國，四起煙烽。溫侯呂布，人中之龍。相貌堂堂，勝潘安以一分；雄姿威武，超飛將更三成。然鳳儀亭之驚慌兮，抱頭鼠竄；司徒府之無謀兮，鷸蚌相爭；徐州城之奸偽兮，忘恩反攻；白門樓之卑賤兮，屈膝求生。未見絲毫風度，反添幾筆濃污。貌美又如何，姿雄亦枉然。不擁高潔曠達之心，何求清新幽雅之風。世之不敬呂布而敬李廣，不名奉先而名亞夫，蓋出於此也。

　　大丈夫處世兮，弘毅寬厚；真英雄建功兮，震盪宇內。公子小白，用人唯賢；心懷天下，目光高遠；帝王氣質，風度翩翩。摒前嫌而任管仲，泯恩怨以成霸業。

　　生做人傑，死為鬼雄；魂斷烏江，名留青史。力撥青山，壯氣蓋世；時局不利，烏雅不逝。立足天地，敗亦不泣；英雄遺風，壯節永屹。

　　何為風度？男之氣宇軒昂，女之風姿綽約是否？非也。風度之實，非在乎容貌衣著。容顏易逝，青春難葆。絕美兮妲己之貌，紂王顛倒；致命兮褒姒之笑，周鼎傾倒。二人容顏之無雙兮，國破民殃，雖有美貌而不存於正道，可謂之風度乎？是故風度之實，在乎人格心胸。

　　而今風華少年，趕潮隨風，單追表而略裡兮，靈魂不淨；獨重形而輕實兮，東施效顰。矯揉造作豈風度，心冷信危怎文明──風度何存？人格高尚者，心胸開闊者，處世瀟灑者，信為真風度者。

　　風度之人自高雅，文明禮貌亦美行。願攜君手共風度，誠善禮助創文明。舉手之勞有何損，薪火相傳亮人心。風度為首文明體，寰球新綠共諧風！

　　（本文獲二〇一〇年第六屆「恆源祥文學之星」中學生作文大賽省級一等獎）

論風度，風度賦；賦韻濃，濃蘊深；深入淺出，出落輕靈。靈動文脈，脈脈相承。承載文明，明快風格，格調昂揚，揚我輝煌。風度翩翩，翩然而來，真賦真風度！

代曉春

忠言也可順耳

劉洪豆

雲南師範大學附屬中學二〇一二屆

（現就讀於雲南大學）

「良藥苦口利於病，忠言逆耳利於行。」這句話千百年來被奉為真理。但在飛速發展的今天，人際關係日益複雜，古話也得因時而變──忠言也可「順耳」。

先別急著反駁，讓我先給你講個故事。

有一位大師帶著他的徒弟去參觀書法展。面對一幅書法作品，大師搖頭晃腦地一字一字念著，卻因一個字太過潦草而停了下來，大師想了許久都沒弄明白這個字，旁邊的徒弟便開口道：「這不就是個『頭髮』的『頭』字嗎？」大師聽了勃然大怒道：「輪得著你說話嗎？」初看這則材料，會覺得這位大師心胸過於狹隘，氣量不夠。但轉念一想，徒弟不恰當的表達才是導火索。若徒弟能用謙遜的態度恰當地向大師提出自己的觀點，那麼想必大師也會欣然接受他的看法。適當的表達，忠言也可順耳。

這個故事的用意正是想要啟發人們思考如何得體地向別人表達自己的看法，尤其在與他人意見不一的時候，表達的方式是至關重要的。可以設想一下，甲、乙都與丙意見不同，在相同的條件下，甲不假思索便衝口而出，十分直白，不免讓丙下不來臺，本能地排斥並反感；而乙委婉地表達了自己的意見，態度溫和有禮，並詢問丙是否贊成，這樣一來便讓丙有了思考的時間與心理上的緩衝，也

不會覺得自己的看法被忽視，相對更容易與人達成共識。相信這樣的情況並不鮮見，現實生活中隨處即有。即使是在同樣的場合表達同一觀點，表達的方式不同也會令表達的效果和結果大相徑庭。

如今社會競爭激烈，在職場中想要得體地與人交往，更需懂得如何說話，尤其在上下級之間，這一問題更為突出。上級需統管全域，也需樹立權威，下級提出意見或建議時應選擇合適的時間地點，充分考慮對方的感受，在無損於對方面子的前提下說出。

其實，無論是職場還是生活中，尊重別人是平等對話的必要條件。首先，尊重別人能營造一種適宜交流的氣氛，雙方能夠理智思考。其次，尊重別人是對自己的意見負責，能增加意見被接納的可能性。最重要的是，尊重別人也是自我尊重，有利於雙方達成共識。不僅是個人，國與國之間的合作交流同樣是建立在平等尊重的基礎之上。

忠言逆耳並不是真理，在尊重他人的基礎上，利用合適的時間恰當地表達，忠言也可順耳。在提倡團隊合作的今天，交流與互換意見尤為重要，規勸他人應懂得如何表達自我。

忠言也可順耳。

此文從徒弟角度立論，闡述了現代社會與人交往中說話得體的重要性。提出了與傳統觀念相對的「忠言也可順耳」的觀點並進行論述。而要能做到「忠言順耳」，關鍵是要尊重別人、尊重自己。觀點鮮明，思路清晰。語言平實樸素。

蔣　文

像遺跡那樣思考

李 媛

雲南師範大學附屬中學高二年級

（現就讀於北京大學）

瑪雅孤聳，敦煌漠然，耶路撒冷秋風涼。廢墟之痛，隔代之傷，兩行清淚靜靜漫上歷史的面龐。

——題記

一

在孤聳的背影裡，你懷揣著一個民族的興衰。——瑪雅。

我是瑪雅之魂——太陽神。千百年來在這山重水複中，我守護著瑪雅，守護著我的民族。

猶加敦的質樸是我的靈性，墨西哥的溫軟是我的身軀，印第安的歌謠是我的呢喃。曾幾何時，我是世界的焦點！太陽神廟的碑文記錄著人們對我的崇敬，漫野的玉米飄香是我對民族的饋贈。但彷彿一夜間，我的民族迅速消亡，我的光亮迅速暗淡。繁華的古邦終成空城，翠綠的藤蔓繞上我的面龐⋯⋯多少個日夜，我企盼；多少次風雨，我企盼，我企盼著我的民族再強大起來，重拾輝煌！終於，我的民族回來了，帶著一個美國人，將我從沉睡中喚醒。當我傲然想再站起，我的民族，竟以五十美元將我賣出！一併連著我的軀體，把民族的驕傲賣給了那個「很強大」的美國人！

又是幾百年，我仍孤獨地立在叢林中，民族的消亡帶給我的是繁華的散盡，五十美元的屈辱。滂沱的雨是我無盡的淚，它洗刷不

了我的恥辱，也沖不淡我內心的 喊——民族當自強！

二

　　在激烈的紛爭中，仍掩不了你內心那股落寞的秋風。——耶路撒冷

　　我是耶路撒冷的遊靈。千回百轉，在這無止的爭鬥中，我渴望我的民族安寧。

　　猶太王國的首都是我的原點，基督教徒的《聖經》有我的身世，穆罕默德的祈禱是我的祝福。曾幾何時，我是信仰的化身！多個民族齊聚我的腳下，宗廟神寺是裝飾我的綢緞，但彷彿瞬息間，和平的尺碼開始傾斜。

　　我的民族有的被吞併，有的被消滅，有的被放逐，身邊更替了一個個朝代。多少個春秋，我祈禱；多少次戰火，我祈禱。我祈禱著能有一個民族立足在這裡，保護我，保護民族的文明不再被切斷。

　　又是多少春秋，我仍靜靜地佇立在地中海畔。民族的放逐、吞併帶給我的是無邊的戰火，分裂的心酸。寒冷的風是我內心的痛，它帶不走我的無奈，也吹不散我內心的 喊——民族當自立！

三

　　在漠然的外表下，你是那個仍置身燈火闌珊處的伊人。——敦煌

　　我是敦煌之髓——飛天，千辛萬苦，在這碧血黃沙中，我堅守著敦煌，堅守著我的民族。

　　絲綢錦緞的纏繞是我的微笑，陶塑壁畫的婀娜是我的溫存，飛沙走石的艱難是我的信念，曾幾何時，我是輝煌的頂點！唐代歌舞是我的裙擺，宋朝詞賦是我的衣帶。但在傷逝中，唐花凋零，宋瓷破碎，留下的是塵封的寶藏與等待……多少次狂沙，我渴望；多少次天明，我渴望。我渴望著世人駐足回眸，再次整理我的霓裳！終

於，一個道士發現了我，把我從暗無天日中抱出。可我還沒重溫我古老民族的面容，就被他以幾百兩白銀賣出！賣出的不僅是我的身軀，還有一顆滴血的心！

又是幾度輪迴，我仍漠然地倚在鳴沙山腳，民族的衰落帶給我的是千年的等待、無知的拋棄。月牙泉的低吟是我無限的哀怨，它流不完我的苦楚，也蓋不住我內心的 喊——民族當自立！

站在歷史的經緯網上，聽古老的鳥羽訴說著失落的夢幻，歡交融的信仰纏繞出千年的夙願，看狂舞的黃沙敲擊開盛世的容顏……注視著歷史長河流向不可預知的未來，冥冥中，一個聲音對我說，要像遺跡那樣思考……

（本文獲二〇〇八年第四屆「恒源祥文學之星」中學生作文大賽國家級一等獎）

「遺跡」是見證，不會思考。人，卻可以透過遺跡，展開思緒的翅膀，穿越遠古的輝煌、衰敗、自信、彷徨，去聆聽歷史的聲音。「像遺跡那樣思考」，是一個中學生的堅持，是一個年輕人的反思，是一個聰明人獨特的感喟。文章厚重、激昂，語勢順暢，感性與理性交織，的確是難得的佳作。值得認真品讀。

李 月

緩慢而優雅地成長

楊永奎

雲南省昭通第一中學高一年級

　　人的一生是由一個個階段組成的，我們在每個階段中緩慢而優雅地成長。

聽　雨　篇

　　春雨總喜歡在半夜時分姍姍而來，彷彿是神秘的魔術師，營造出一種神秘的氣氛。我躺在床上，無心睡覺，聽著窗外嘀滴答嗒清晰的雨聲，那聲音奇妙極了：好像是從春秋戰國時的編鐘發出，又若是來自盛唐時期的〈霓裳羽衣曲〉，也像西方音樂詩人蕭邦指尖下跳動的靈魂，是多麼美妙！我不由地悄悄屏住呼吸，動也不敢動，生怕驚擾了這美妙的夜晚。

　　雨聲是如此淡定和從容，那樣純淨和悅耳，不帶一丁點兒雜音，也無些許浮躁，只是平和地響徹整個世界。滴在屋簷上，竹林中，水塘上……

　　顯得那麼有節奏，緩慢而優雅，像一個未入風塵的女孩，純潔透明。雨聲悄悄感動了我。

　　我想：我們的人生是否也應該像這春雨一樣緩慢一些、優雅一些，「竹杖芒鞋輕勝馬，誰怕？一蓑煙雨任憑生」，像蘇軾那樣淡定和從容一些。多一分平靜，少一分浮躁，在青春時代緩慢且優雅一些。

品　茶　篇

　　夏日午後，最難忍的莫過於酷暑了。全身是汗，濕透了，好像整個世界處於一個蒸籠中。躺在涼席上，涼席似乎不起絲毫作用，音響中久石讓的音樂也只能讓人越來越浮躁。感覺被分了身，魂兒都散盡了。

　　狂亂地走在房間中，毫無目的。驀然看見碧螺春，心想：何不泡點茶呢？取來茶具，用水洗淨，使其不沾一絲汙跡，如剛出土的藍田古玉，晶瑩剔透。燒水的時候有一些的等待，慢慢將水倒進水壺，看著它在烈焰的催促下有了水汽，接著水泡從壺底輕快從容地冒出來。輕撮一點茶葉兒放入精小的茶壺中，倒入開水。茶葉兒在水中一翻身，打著滾兒，像一個自由自在、美麗可愛的精靈無拘無束地展示著她的生命，在壺底翻滾著，看著美麗的生命，心中便靜了下來。

　　舉起一茶杯，輕吹一口氣，將茶慢慢飲盡。茶汁順著喉嚨一線滑下，無一丁點兒阻隔。我能夠隔著身子清晰感到茶之所到之處，一片清靜。茶香縈繞於牙齒之間，留戀於大腦之際，久久不肯散去，我是如此喜歡，喜歡這種寧靜與清晰。想到日本的茶道及中國人品茶時的樣子，心為之一動，他們品嘗的樣子是那樣緩慢而從容，似傾聽一首中國古典優美的樂曲。

　　我們成長的過程應該像品茶的過程，讓緩慢、讓清靜、讓從容遍及我們的生活及生命。

枕　書　篇

　　最喜歡在停電之夜，三更時分，點一支殘燭，泡一杯香茗，獨坐而靜讀了。假如再多一點美妙的雨聲當背景音樂，那就更加美妙了。

　　攤開「滿紙荒唐言，一把辛酸淚」的《紅樓夢》，感受著每個人的細膩與生動，體味著封建社會的世間百態，一次又一次震撼著

我。再翻閱《呼嘯山莊》，眼前浮現的是主人公淒慘的愛情及命運。無論是義薄雲天的《水滸傳》，還是浩氣迴腸的《天龍八部》，抑或是悲劇溢滿的《巴黎聖母院》……每一本都震撼著我，使我懂得生命的價值和意義，教會我在緩慢而優雅的成長中，品味生命的價值。

我曾想：生命和成長的過程是一個耐人尋味的緩慢而淡雅的過程，為何要讓腳步匆匆向前，卻不曾細嚼人生呢？

成長應是一首緩慢而優雅的歌。

這是一篇清新自然的抒情性散文，文章層次明瞭，結構清晰，以聽雨篇、品茶篇、枕書篇和小結篇四部分來安排，其中，重點落在了前三個篇目中，且每個篇目在寫作時都圍繞著主題「緩慢而優雅」展開，開篇點題，小結再一次點題，深化主題。文章在遣詞造句方面較為準確，更主要的是，從閱讀當中能夠體會到生命在生活中緩慢而優雅前行的節奏感和畫面感。

王世華

CHAPTER 03

歷史情懷

歷史情懷，永遠的文化守候
——兼談有關歷史文化文章的寫作要點

戴慶華

　　說到歷史情懷，我們不禁會發出這樣的疑問：我們究竟生活在歷史中，還是現實中？是否有一條絕對明確的界線作為區分呢？清代著名文學評論家金聖歎在評《西廂記》時說：

　　我今日所坐之地，古之人其先坐之，我今日所立之地，古之人先立之者，不可以數計矣。夫古之人之坐於斯，立於斯，必猶如我之今日立。

　　古之人不見我矣，我乃無日而不思之，後之人亦不見我，我則殊未嘗或一思之也，觀於我之無日不思古人，則知後之人之思我必也。

　　在金聖歎先生看來，今人所處的空間與古人並無二致，日月星辰，山川風物，一如昨日。古人看到了，我們也看到了。今人所思考和念想的，古人也同樣在思考和念想，現在的「今之人」，轉眼即為「古之人」。

　　因此看來，歷史與現實常常是相對的。在時間的序列上，歷史與現實必有先後之分，而在空間的層面，就很難做出區別，它們常常糾結在一起，這或許就是歷史的魅力所在。歷史是今人眼中的歷史，只有在今人的回想中方能存活。想想金聖歎說這番話的時候，他還是「今之人」的身份，而今六百多年轉眼即逝，何為歷史，何謂現實，恐怕誰也說不

清。正是歷史能夠在人們心中投射下如此無限的遐想，才引發了人們無窮無盡的思索和探求，這種魅力帶給人的快樂，非親身深入其中者，不能理解和享受。寫作歷史文化類的文章，自然少不了這樣的關懷和感覺。

現實的轉身，即成為歷史，歷史經過時間的沉澱，最後以文化的形態存留下來，等待我們去細細回想和品味。回望歷史，守候文化，應是許多同學心馳神往的寫作領地。然而要在這塊土地上收穫碩果，卻離不開我們對歷史文化的理性思考。

在關於歷史或歷史文化的思考中，有兩個概念需要區分清楚，一是歷史文化素材，二是歷史文化觀念。歷史文化素材指的是直接和歷史文化相對應的原始文化材料或檔等，比如文化典籍、檔案。歷史文化觀念指的是社會對歷史文化的看法，與當時的社會政治、主流意識形態和學術取向有著密切的關係。很多人常把二者混為一談。二者的關係，就像別人口中說的你和你本人不是一回事一樣。因條件所限，許多人接受或認知的歷史，大多是經過別人或社會整理和加工的歷史觀念，是別人告訴我們的一套說法，並未經過自己的思考和感受。因此，也就無法與鮮活生動的歷史事實相一致。就像別人所說的你和你本人並非完全一致，或者就根本不是那麼一回事一樣。

因而我們在學習和了解歷史文化的時候，有必要回到歷史的原始材料中去思考，去感受，通過自己的分析判斷，得出讓自己信服的理解和認識，如此寫出來的文章才有意義和價值。

如果不用心閱讀幾篇道家的經典作品，不從字裡行間獲得對莊子的生動感悟，你寫的莊子及其文化可能就是一個人云亦云的東西。如果你完全相信了別人的說法，你很可能就失去了自我的判斷。舉個例子來說，我們當年學〈紀念劉和珍君〉這篇文章時，一直把北洋軍閥時代的國務總理段祺瑞看成一個惡貫滿盈的壞人，並深深印在記憶裡達幾十

年。近幾年通過閱讀一些較為客觀的文章和查閱一些歷史文獻，才發覺好像不是那麼回事。段祺瑞實則是一位了不起的人物，他生活樸素，清廉如水，無積蓄、無房產，不抽、不喝、不嫖、不賭、不貪、不占，人稱「六不總理」。「三・一八」慘案發生後，段祺瑞隨即趕到現場，向死難學生長跪謝罪，並終生食素懺悔，至死不渝。梁啟超先生評之曰：「其人短處固所不免，然不顧一身利害，為國家勇於負責，舉國中恐無人能比。」看到這些歷史材料與教科書的內容截然不同，我才發覺因為社會和閱歷的關係，自己一直為觀念所害，不能客觀地評判這樣一個歷史人物，做到像古人所說的「愛而知其惡，憎而知其善」。所以喜歡歷史的同學，不妨多讀一點原作，或多看一些第一手材料。這樣寫出來的文章才能觀點鮮明，內容豐滿，否則便落入人云亦云的陳詞濫調之中。老師最不願意看的作文之一，就是滿懷豪情高談歷史，卻沒有一點新穎的見解，沒有一處寫到實在的地方。張口孔子、孟子、孫中山、毛澤東，閉口李白、杜甫、蘇東坡、林則徐，說的都是別人說過的話，抒的都是空洞虛幻之情，故作姿態，無病呻吟，這樣的文章不寫也罷。

多閱讀歷史文化的原作，多收集和思考第一手資料，自然就會對歷史文化作出理性的分析，進而形成自己的獨特見解，真情實感也就隨之而生了。一般人都對才華蓋世、三十三歲就因懷才不遇、鬱鬱而終的賈誼寄予了深切同情，而痛恨漢文帝的昏庸愚昧，李商隱寫詩指責道：「宣室求賢訪逐臣，賈生才調更無倫。可憐夜半虛前席，不問蒼生問鬼神。」千古以來，唯有蘇軾能透過理性的分析，看出了賈誼的致命弱點：「觀其過湘為賦以弔屈原，紆鬱憤悶，趯然有遠舉之志。其後以自傷哭泣，至於夭絕。是亦不善處窮者也。夫謀之一不見用，則安知終不復用也？不知默默以待其變，而自殘至此。嗚呼！賈生志大而量小，才有餘而識不足也。」（〈賈誼論〉）他不僅沒有盲目同情可憐，反而為其行為深感悲哀，並告誡後來的人君：「亦使人君得如賈生之臣，則知其有狷介之

操，一不見用，則憂傷病沮，不能復振。而為賈生者，亦謹其所發哉！」也警示那些志大量小、才有餘而識不足的人，要有韜光養晦之心，堅忍不拔之志，不要動不動就拿自己的生命來發洩心中的不滿。蘇軾之論可謂高遠深刻，其觀歷史之眼光可謂獨到。我們要學習的，正是這樣的思想和方法，雖然我們不一定能達到蘇軾這樣的高度。

著名的英國哲學家培根在〈論讀書〉中說：「讀史使人明智」。我想他的意思應該是從歷史的真實中磨礪出自己的思想，獲得真實的知識，走出狹隘與偏激，以一種超越時空的眼界，看清世事的本來面目吧。

這一章所選的文字，無論是對莊子人生意義的精細咀嚼，千年宋韻的一往情深，滇越鐵路的流連忘返，還是感慨清閣雅韻的神采消殞，以及才子佳人的心馳神往……都寫得有聲有色，生機盎然。其中不乏敏銳的眼光，獨到的見解，深刻的思考，睿智的調侃……著實令人耳目一新。看來這些同學並沒有被陳腐觀念桎梏，真是可喜可賀。

我與蝴蝶共舞蹈

李豔莎

雲南省曲靖第一中學二〇一二屆
（現就讀於重慶大學）

　　一隻五彩斑斕的蝴蝶，正扇動著翅膀在茫茫的天際間飛舞。他時而與風共舞，時而與花閒談，時而與蜜蜂捉迷藏……他悠閒自得，忘卻了塵世的一切繁雜。

　　他，是莊周呢，還是蝴蝶？這不重要，重要的是，他就是他，一個獨特的生命個體！

　　他充滿浪漫情調，在他的筆墨華章中，你總是可以看到一些遠離現實但又合乎道理的色彩，這讓我們不得不聯想到誇張。正如《逍遙遊》中的描寫：「北冥有魚，其名為鯤。鯤之大，不知其幾千里也。化而為鳥，其名為鵬，鵬之背，不知其幾千里也。」多麼雄壯的誇張，完全可以與「飛流直下三千尺，疑是銀河落九天」相媲美。逍遙篇中的鯤鵬、大椿、冥靈等意象，都顯得怪狀錯落，均是超越時空的象徵。

　　在一次休憩中，他竟不知是自己做夢變成蝴蝶，還是蝴蝶做夢變成自己。瞧，他是一個多麼迷糊的人，然而這又恰恰展現了他的浪漫情懷。現實中的他，也是如此。即便是妻子辭世，他也敲著瓦盆唱歌，歡送妻子的離別，這在常人看來難以理解，而他卻說：「察其始而本無生，非徒無生也，而本無形，非徒無形也，而本無氣。雜乎芒芴之間，變而有氣，氣變而有形，形變而有生，今又變而之

死，是相與為春夏秋冬四時行也」，以此來反駁他人，他是一個有著怎樣深刻而尖銳的洞察力的人啊，連生與死都看得如此通透，還有什麼世俗名利放不下呢？

他把心靈投放到浩瀚的宇宙自然之中，得出了「天地有大美而不言，四時有明法而不議，萬物有成理而不說」的「大美論」；他抓住了物與美的實質，因此面對大夫二人的「財美」，他斷然拒絕，高呼一句：吾將「曳尾於塗中」！

在生命的長河中，唯有自由最寶貴！自由是多麼重要啊，我們先賢的高呼與裴多菲所寫「生命誠可貴，愛情價更高。若為自由故，二者皆可拋」是真正的異曲同工呢！

莊周極力主張乘化樂命，隨順天性，不要強求或希冀太多，只要做我們自己本分的角色就行了，生命就是這麼簡單快樂。

然而，在今天這個快速發展的時代，有多少人能夠簡單快樂地生活，做到浪漫、自然，順其本道？我們的生活，不知從什麼時候起，已經成了簡單地追逐成績。眼前沒有風景，只有分數，於是不得不挑燈夜戰，下足功夫，起早貪黑，廢寢忘食，似乎分數就是生命的全部。即便累了，煩了，也片刻不能止息。

我沉浸在莊子的隱喻中，感覺自己是一隻被裝進籠子的小麻雀。起初它哀鳴不止，後來安靜了——它死了。它被人帶回家後，有人餵食，有處避風，有籠安身，可是，卻失去了樹枝，失去了森林，失去了親人和夥伴，失去了生存的考驗和樂趣，失去了自由自在的飛翔。沒有飛翔的鳥兒，活著也是死亡。人們都說「己所不欲，勿施於人」，卻對小鳥如此束縛，何其殘忍！

在最殘酷的煎熬中，莊子總是在靈魂深處若隱若現。他沒有「達則兼濟天下，窮則獨善其身」的豪情壯志，沒有「己欲達而達人，己欲立而立人」的奉獻精神，也沒有「三更燈火五更雞，正是男兒讀書時」的忙碌，他有的只是「獨與天地精神往來」，有的只

是「天地與我並生，萬物與我為一」的悠閒散淡。而我，多想在自己的心靈園子，留莊周一角，讓自己行色匆匆的生活有清風拂面的清新，哪怕只是一縷，哪怕只有一瞬。

我們的生活太單調，太忙碌。單調到看不見花開花落，忙碌到聽不見雷鳴風嘯。

我想停一停腳步，放慢節奏，放鬆心情，體驗哪怕只是想像的浪漫，嗅一嗅自然的氣息，找一找從容的平和。

我想像那個飄逸灑脫的莊周，伴著夢想的天籟，與蝴蝶共舞！

（本文獲二〇一〇年第六屆「恆源祥文學之星」中學生作文大賽省級一等獎）

對於中學生而言，莊子是個難點。對於物質生產高速發展、精神世界相對貧乏的現代人而言，莊子是個重點。這難點和重點，要統一成一個現代人的生活感觸和心靈歸宿，小作者無疑做到了這個統一。她既有對莊子精神中自由至上、通達從容、淡泊寧靜的理解，也有對自我生活行色匆匆、殘酷煎熬的清醒自覺；既有對莊子超然境界的呼喚和嚮往，也不失年輕人對現實處境的積極突圍。文章的亮點在於，說古典，說社會，說人生，卻不流於空泛，一切認識基於真切的體驗，不牽強，不做作，給人感染，啟人心智。

任 玲

千年宋韻

陳俊霖

雲南省曲靖第一中學二○一三屆
（現就讀於北京師範大學）

　　將時間往前追溯一千年，便落在了大宋的期間（960～1279年）。

　　繁花落盡，碣斷碑殘。宋韻千載，只留下遙遠的回味與悵歎。

——題記

　　一位朋友曾經問過我：「如果能讓你穿越時空，你會選擇去哪個朝代？」「宋」，我毫不猶豫地回答，「那是一個令人神往、充滿了詩畫一般意韻的朝代啊。」

　　大宋的意韻，正是這個朝代如此充滿著魅力的原因。千古滄桑風雲變，花自飄零水自流。大宋，在歷史的長河中，三百年國祚只不過是曇花一現、流星往逝，但它的遺韻，卻跨越千載，傳承至今。於詩，於詞，于丹青，於琴曲，無處不浮動著它光影一般的美麗。

　　宋之韻，在於它的豪放。

　　大宋似乎是被老天玩弄的朝代，北懸遼金，覬覦南國；西踞西夏，窺覷中土。塞北霜天，宋家戰士自是用赤血丹心染紅了旌旗袍甲，用錚錚鐵骨磨就了劍戟戈刀。正是因為有這份凌雲穿空的豪氣，精忠報國的岳鵬舉走上了歷史的舞臺，中原北望，壯懷激烈，他金戈鐵馬踏破賀蘭山，只為實現「收拾山河」的宏願；正是因為

有這份凌雲穿空的豪氣，世代忠良的楊家將走上了歷史的舞臺，一門三代，巾幗鬚眉，他們血戰太行，酣戰黃河，只為求得「胡虜逐盡」的太平。正是因為有這份凌雲穿空的豪氣，走出了征西元帥狄青，走出了女中豪傑梁紅玉，走出了許多獨屬於大宋的英雄。

宋的豪氣，宛如釀成一壺酒，斟一杯給蘇東坡，便成了赤壁江頭早生華髮的感慨，成了遙望西北射天狼的勁弩；斟一杯給辛棄疾，便成了大散關旁鐵馬秋風的蕭瑟，便成了氣吞萬里勢如虎的利刃……

宋之韻，在於它的柔美。

大宋的記憶，更多的並不是在「黃埃散漫風蕭索」的塞北，而是在杏花春雨黃梅時節的江南。流水潺潺，浸濕了河旁灰墨色充滿古韻的青石；小雨淅瀝，打亂了風中搖曳的極為靈動的新柳……在這裡，山韻、水韻、樹韻、石韻、人韻相得益彰，造化鍾靈毓秀，自然是人傑地靈了。即使時隔千年，又偏居雲貴，我似乎仍能感受到從江南飄來的管樂絲竹翻越了高大的烏蒙山，低回宛轉，在我的耳畔迴響，而絲竹聲中，又融合了宋時才子佳人的吟哦諷誦，盪氣迴腸，令人陶醉。

宋的柔情，宛如長成的一簇花，採一朵給李清照，便成了重陽佳節玉枕紗廚中的瑞腦暗香，成了雁字回時西樓上的一縷難遣之愁；採一朵給柳三變，便成了楊柳岸酒醒時的一彎殘月，成了「衣帶漸寬終不悔」堅貞的誓言……

宋之韻，在於它的繁華。

大宋，這個經濟繁榮、文化發達的朝代，宛如一位衣著華麗的貴婦，她身上的每一顆珍珠和寶石都閃耀著璀璨的光芒。千百年來黃河奔騰不息，帶走了多少朱門金闕，卻留下了汴梁城輝煌的記憶。一卷〈清明上河圖〉，一部《東京夢華錄》，一首首長詩，一篇篇詞作，展現的處處是名城美景、碧瓦高簷。

大宋的阜盛，宛如一支清越的簫歌，傳到了錢塘岸邊，便成了「楊柳堆煙，簾幕無重數」，傳到了臨安城頭，便成了「市列珠璣，戶盈羅綺」，傳遍了南國，傳遍了神州，激蕩著萬戶簫鍾，激蕩著千門桐鼓——這是千年大宋超越時空的呼喚。

　　日出三百載，日落一千年。

　　今天，我們站在大宋覆滅的千年區間上，回首遙望，宋之韻又恍如一場迷離的夢⋯⋯那舊日盛極一時的汴梁和臨安，於今也只剩下了一蓬衰草，半圍城牆，兩行孤雁，幾處荒丘。而宋文化——大宋的靈魂根基，似乎也在離我們遠去。昔日的大宋啊，為何此般不堪！「偉烈豐功，費盡移山心力。盡珠簾畫棟，卷不及暮雨朝雲。」清人孫髯翁的大觀樓長聯作出了這樣的解釋。然而宋韻千載，卻終究未被磨滅，蒼煙落照，仍是那樣光彩如新！

　　千年的宋韻，在於它綿遠流長，耐人尋味⋯⋯

　　大宋作為一個朝代，早已離我們遠去，在人們的心中幻化成了一個抽象的符號。小作者獨具慧眼，雖遠離千年，卻感受到了千年宋韻。宋之詩、宋之詞、宋之丹青、宋之琴曲如美麗的光影浮現，在大宋的豪放、大宋的柔美、大宋的阜盛中一一再現。文章的語言充滿了詩詞的韻味，線索明晰，結構精巧，內容與形式得到了和諧的統一，讀之韻味無窮，實屬精品。

　　　　　　　　　　　　　　　　　　　　　　　　陳 彪

一條鐵路的轉身

王子元

雲南師範大學附屬中學二〇一二屆

（雲南省高考文科總分狀元，現就讀於清華大學）

　　一百年前一個冬季的早晨，一聲汽笛劃破昆明城的上空。在人群的夾道歡迎中，一列蒸汽機車從越南海防駛入了昆明北站。隨著遠道而來的列車，他，滇越鐵路，登上了歷史舞臺。舞臺上，他兩次轉身，演繹出一個世紀的興衰。

　　或許歡呼的人群不會懂得，汽笛聲宣告了一個新時代的降臨。風雨飄搖中的晚清政府已無力阻擋西方列強伸出的鐵爪。國門被撞開，兩道耀眼的米軌翻山越嶺，衝入了西南邊疆。

　　是的，咖啡、香水、電燈、電話……隨著北上的列車從南邊來了，人們興奮地打量著這些西方文化和工業文明的產物。然而，隨列車而去的，是箇舊的錫、彌勒的糖，是滇中南茂密森林中的參天古木……他，一開始就是法國人建造出的侵吞中國西南的工具。

　　靠著他運來的西門子發電機，中國第一座水電站耀龍電廠發出的電點亮了金馬碧雞坊的白熾燈泡；同時，他也將箇舊錫以年均六千餘噸的出口量輸向海外。新生的他，是雲南經濟社會發展的推手，亦是一隻掠走雲南豐富自然資源的魔爪。

　　近三十年後，扮演著矛盾角色的他，毅然轉身，成為抗戰的脊樑。

　　一九三七年，抗日戰爭全面爆發，他，西南唯一連通海外的鐵

路，成為戰時大動脈。槍炮、彈藥，他送來了盟軍的武器支持；齒輪、車床，他送來了向西南大後方撤退的工廠機械；北大、清華、南開的師生，也經香港登船，至海防搭乘北上的列車來到昆明，建立起了蜚聲中外的國立西南聯合大學。昆明北站的月臺，一時人聲鼎沸。

在那滿眼是烽煙炮火的歲月裡，搭載著萬千愛國兒女和援華友人的列車日夜不息地穿梭在鐵軌上。車上的人，一同牢牢抓住了祖國土地的他，有的是錚錚鐵骨，有的是剛毅堅卓。

一九四六年，抗日戰爭硝煙退去，中國政府也從法國殖民者手中收回了滇越鐵路的路權。新中國成立後，鐵道部對滇越鐵路進行了修繕。獲得新生的他，再度為運輸修建成昆、貴昆鐵路的物資挽起自己堅實的臂膀。

列車，轉身駛出月臺；人群，在喧囂之後也轉身離去。又是一個三十年，滇越鐵路等來了他的第二次轉身。只是這次，年輕力壯的他，轉身成了孤獨的老人。

下學的少年們走在鐵軌上，歡聲笑語。他們不知道腳下的這條路也曾如自己一般朝氣蓬勃。那些在鐵道上來回奔馳的機車頭，如今被靜靜安放在博物館裡。青蔥山野間，偶有綠皮小火車駛過。離鐵路不遠的地方，一條高速公路筆直往前延伸，車輛川流不息。

似乎，碾過他的，只剩歲月的車輪。似乎，他就悄然匿跡於山河之間，匿跡於地圖之上，匿跡於這片土地的記憶裡，唯餘兩行鐵軌反射著暮光。

可是這條功勳卓著的老路不應被遺忘！如今，中越兩國正著手將滇越鐵路申報世界文化遺產。保護和開發滇越鐵路的文化資源，無疑是他今天最急需的關懷。

我想我們可以憧憬，憧憬不久以後，那一列列小火車又能載著來自五湖四海的遊人行駛在長長的米軌上，穿過隧道，越過山澗，

跨過橋樑，奔向綻放光芒的遠方，轟隆轟隆的聲音滿是幸福。

　　我想我們可以期待，期待跨越百年的滇越鐵路，今天再次轉身。

　　這是一篇全國中學生作文大賽的參賽作文。作者選擇了頗具雲南地域與文化特色的滇越鐵路作為寫作對象，通過對這條鐵路的過去、現實和未來的深入思考，對故鄉的這片土地寄予了滿腔的深情與期盼，期盼著故鄉能在新的時代重振舊時的輝煌。表達流暢，情感充沛而又真實感人，具有一定的思想深度。

　　　　　　　　　　　　　　　　　　　　　　　　蔣　文

誓擔山河

陳梁一丹

雲南省昆明第一中學二〇一二屆

（現在在美國大學求學）

　　《絕越書》有云：鑄劍之時，雷公打鐵，雨娘淋水，蛟龍捧爐，天帝裝炭。鑄劍大師歐冶子承天之命嘔心瀝血與眾神鑄磨十載，此劍方成。得道天成，自名之「玉龍」。

　　我就是那把玉龍劍。無數俠義之士以我除天下之害。記得在盛唐，有一位名叫李賀的詩人曾擎我於塞外沙場，揮筆寫下了「報君黃金臺上意，提攜玉龍為君死」的千古詩篇。

　　時至南宋，我重新被人持於寬掌，斬殺天狼。我還記得那個「登高望遠，指畫山河」以抒國憤的少年，那個揮舞著我不知斬多少金人於馬下的名將，那個擁有滿腔的報國豪情壯志，卻在官場上屢遭排擠，壯志難酬而寄情山水的詞者——辛棄疾。

　　還記得，紹興三十一年，金主完顏亮率大軍南侵，唐時的盛世煙花，終被金人的鐵蹄踏碎。山河破碎，餓殍遍野。

　　胸中的滿腔熱血一觸即發，年方二十一歲的幼安組織了兩千多人的抗金隊伍，佩我於腰側，率部投奔歷城抗金起義首領耿京。一路來的迢遞，我回眸，身後千騎鐵蹄後紛揚的是萬丈塵土，也是幼安這顆壯志凌雲的報國之心。

　　一年來的浴血奮戰，揮羽扇，整綸巾，少年鞍馬塵。縱然天狼灼灼，幼安仍是捍衛著這片支離破碎的土地。他馬革裹屍當自誓，

以最美好的韶華，治國平天下。然而，次年，當手足之交張安國殺耿京降金，幼安的命運之輪，便開始悄然逆轉……他怒了。似他這般疾惡如仇的青年，怎會容忍得下此等赤裸裸的背叛！

他緊緊握住我，僅率五十騎突入敵營，駕馭鞍轡的右手虎口處，斑斑的血跡覆蓋了因習武多年磨礪而成的厚繭。我從沒見過他如此狂怒的樣子——雙眼血紅，怒吼衝天，似乎想要嘶吼出心中所積鬱的憤懣。一頭黑髮被風吹得凌亂無比。然而，他只當不見，一馬當先衝入營帳，用盡力量用我從張安國的頸上斬去，我清楚地看到了張安國臨死前驚愕恐懼的眼神，但那只是一瞬。

這場突如其來的叛變並沒有消磨他殺敵報國、收復失地的堅韌意志，他風塵僕僕地去投奔南宋。他雖然明白南宋朝廷治國無能，大小官員畏金懼戰，卻還是懷著心中殘存的一絲希望努力去爭取點什麼。那一夜，他緩緩地從腰間解下我，將我置於他的書房內，久久凝望，卻未曾言語。

十幾年來，我看著他挑燈至夜闌，筆墨未滯，先後書成凝聚他心血的《美芹十論》與〈九議〉，一覽其詞，盡是幼安苦心歸結的抗金救國的良策。

但數月已過，我不出所料地看到他滄桑的臉上所浮現出來的失望與擔憂——他的一切諫章均不被採納，恐怕那些赤誠的進言早已成為玉案一角堆積的廢牘。

十幾年來，我看遍了南國春花初綻的清景，落紅滿山的殘像；看到國恥未雪之際，泱泱大國，卻是由怯懦無能的投降派當權；看到故國淪陷，民不聊生……不知何時，我留意到幼安雙鬢微染的蒼白。

十幾年來，我曾與他輾轉於鄂州、永州、潯陽等地，他也先後擔任各地安撫使等職。不知不覺，我已陪他走過了四十年。有很多人都說他是瘋子，不自量力地想要與金國抗衡，說什麼「收復舊山

河」之類的傻話，一生為不可能實現的事情奔波勞碌，到頭來，自己得到了什麼？兩袖空空，周身之物，恐怕也只剩下那一把玉龍劍了……

四十二歲那年，他帶著我在上饒帶湖和鉛山瓢泉築室閒居，這一閒居，便是近二十年的光陰。可縱然時過境遷，風雨磨礪，卻從未讓殺敵報國之心黯淡絲毫。

他的詞，為世人所稱道，縱然有人不屑他「陳詞濫調」；他的事蹟，為百姓所敬仰，縱然有人詆毀他癡傻瘋癲，而他的情……卻有誰堪知！

可笑！可悲！可歎！知他心、懂他意、解他情的，只是一把無法言語的冰寒刺骨的劍！我不記得是什麼時候了，那個夜出奇的安靜。幼安靜靜地望了我許久，終於，伸出手來，摩挲著我已不再耀眼的劍鋒。此時，他的雙眼，縱然看似寧靜而祥和，卻也……掩飾不了他心中的擔憂與惆悵。

他明明已經隱居帶湖，卻無時無刻不惦念著「旌旗未卷頭先白」。夢醒時分，也恍然停留在吹角連營處。此時的他，滿頭白髮如雪蒼涼。我驀地憶起了那一句詩：「報君黃金臺上意，提攜玉龍為君死。」

幼安望著我的眼眸中漸漸蒙上了一層水霧，我有些訝然──幾十年來，朝朝暮暮，無論是山河淪陷，手足叛變，仕途坎坷，幼安都未曾流過一滴眼淚！

而此時……

「啪！」那一滴淚，重重滴落在我的刀鋒處，那聲音清脆而沉重，在我聽來，宛如震天的雷鳴震耳欲聾，又宛如陶瓷碎裂的「唭嚓」聲響。雖然不大，卻痛到了我的心靈深處……

我怔怔地望著他，薄唇抿成一線，雙眉微微緊蹙，我知道，在他眉宇之間縈繞的，是他傾其一生也無法放下的大宋百姓和無法拋

卻的故國山河！

那滴淚，已在刀鋒處風乾，可早已流淌到我的心中，化為那最清澈的湖泊，滌蕩於心間。千百次的輪迴，這湖泊依然清澈見底，無論昔者後人，都能看得到幼安這顆精忠報國的心。

我在世百年，觀人世擔當道義幾多。但在這諸多俠肝義膽中，能讓我感到擔當之偉岸者，非幼安而不為。他以他那一副薄肩，扛起了整個天下；用那一把三尺長劍，護祐了天下黎民！一生的堅決與奔勞，只求九州大地的太平盛世能夠失而復得，從未厭倦，從未動搖。

有世人如此，國之興，何愁？有世人皆此，國之盛，必得！

文章以擬人化的「玉龍劍」為視角，以「誓擔山河」為情感和敘事的主線，滿懷深情地敘述和詮釋了玉龍劍追隨主人出生入死，抵禦外辱，保家衛國，為天下蒼生求太平的豪情壯志。本文構思新穎，視角獨特，描寫細緻，文字優美。

張　靜、戴慶華

文明的眼淚

余有斌

雲南省曲靖第一中學二〇一一屆

（現就讀於山東大學）

但願我能找到這樣一個國度，那裡人們所關心的不再是我們一向關心的那些，而是美，是自然，是彼此仁愛相待，但願我能找到那座遠處的青山……白晝與夜晚的美好，雲雀的歡歌，香花與芳草！

——〔英〕高爾斯華綏〈遠處的青山〉

午後的日光悄悄灑落，車輛、行人充斥著每一條街道，高聳的建築密密麻麻，正袒露著那堅硬的脊骨。我想大聲讚美這都市的繁華和文明的進步，但一種巨大的沉重感莫名地將我擊倒。

佇立，沉思……

夕陽古道，晚霞無語，微風吹拂著蒼黃的大漠，清脆的駝鈴搖盪著，發出古老的鳴響。古道上，絡繹不絕的商隊，長如流水，將東方文明與西方文明連接在一起，和平，友好，交流，互補，成了一道亮麗的風景。

走在這條古道上，曠遠而蒼涼。它的一端是奇瑰的空中花園，是神秘的金字塔，是輝煌的泰姬陵；另一端，是雄偉的萬里長城，是朱漆宮牆，是白玉欄杆。它們是包容的，開放的，像兩個深邃的巨人在進行著無聲的交流，莊嚴，肅穆。

於是，它的一端，有了但丁、伏爾泰、莎士比亞、達·芬奇，

另一端，走出了孔子、孟子、屈原、李白、杜甫、蘇軾；於是，它的一端，有了文藝復興，有了啟蒙運動，另一端，有了先秦諸子，有了唐詩宋詞。於是，文明開始微笑，開始歌唱。瞧，那嫋嫋的炊煙，在房屋的脊樑上盤旋，凝成片片朦朧的煙霞，裝點著父母的呼喚。聞，那古老的青石板夾雜著泥土的氣息，樸素而悠遠。聽，過往麻雀輕俏的哨音，伴著流水，如水晶，如銀鈴，如雨點，如珠串。

星月沉浮，歲月流轉，文明開始流淚。當工業文明帶來大機器的轟鳴，當嘈雜、虛偽、焦灼侵蝕著寧靜、平實和從容，文明開始流淚。

淙淙的流水沉浸了太多的油膩，清新的空氣充溢著緊張。那墜葉，鮮花，多添了幾分少女的憂鬱，森林不再有它曾經的蔥鬱，天空不再有它昔日的蔚藍，更不用說那山野裡的游峰浪蝶，萋萋芳草的墨香，一枚枚如金幣般低垂的穀穗。貪婪開始佔據我們的心靈。於是，心靈間有了更多的隔閡，少了幾分信任，有了更多的狡詐，少了幾分關愛，幾分付出。於是，有了更多的斤斤計較和麻木不仁。

於是，一九一四年「一戰」爆發；於是，一九三九年「二戰」爆發，時至現代，海灣戰爭、中東戰爭、美伊戰爭……仍不斷上演，那隆隆的炮火，倒斃的人們，張裂的傷口與死亡，血腥與殺戮，醜惡與兇殘，粗俗與野蠻，戰火下流離失所的人群，還有那水土流失，溫室效應，臭氧破壞，一幅幅血淋淋的慘景，文明在流淚，在無助中彷徨。

德萊塞在〈我的夢中城市〉中寫道：在這年代，美麗願意出賣它的花，德行出賣它的殘片，力量出賣它所能支配的範圍裡每一個幾乎是高利貸的部分，名譽和權力出賣它們的尊嚴和存在，以求一賞喧囂和它造成的圖畫，但他們真的能聽到那讚美之歌嗎？「悔恨

自己的錯誤並力圖改正自己的錯誤，那才是真正的高貴。」海明威如是說。也許，我們真該找一個安靜的角落，好好反省一下自己了，不是嗎？

「己欲立而立人，己欲達而達人」，何不摒棄戰爭，多一點和平；「海納百川，有容乃大」，何不忘卻爭吵，多一點諒解；「人而無信，不知其可」，何不遠離欺騙，多一點真實……「同一個世界，同一個夢想」，文明在流淚，在呼喊，在召喚著每個國度。我們每一個人，應相互關愛，相互理解，去蕩滌焦灼、虛偽，去學會從容，去面對人類共同的一切苦難。

但願在追求物質文明的同時，我們能夠給自己的心靈多一分淡泊，多一分寧靜；但願人與人之間不再有堅冰，而是關愛；但願每一座山都有溪流淌過；但願每一個角落，甚至冰川，甚至戈壁，都能飄蕩著花的香馥。

明天，文明不再流淚！

（本文獲二〇一〇年第六屆「恆源祥文學之星」中學生作文大賽國家級二等獎）

> 文明是一把「雙刃劍」，它一方面擊敗了愚昧，另一方面也劃傷了自己，這是人們的共識，但並不是所有的人都能用文學的語言將這種共識表現出來，而且，還能表達得如此優秀。最重要的是，作者的眼光不僅放在以前，還能放在將來，這是這篇文章的高明之處。
>
> 蘇春梅

信仰在，夢就在

魯　娟

雲南省昭通第一中學

　　岸與岸的距離有多遠，只要心堅，那便是咫尺；山與山之間有多險，只要虔誠，那便是無阻；現實與夢想的差距有多大，只要有信仰，夢想不再遙不可及！

　　多少個夜晚，殘損的小樓上，女子單薄的身影在淒慘的月色下，更顯無依，迷茫，悽愴。緩緩的，一滴滴清淚從已經發紅了的眼眶溢出，那是相思的符號，它訴說了女子一世的悲涼。那是自己的家鄉──衛國啊，在那裡，有自己最親的人，有自己一生最美的回憶。然而，此時，不知又有多少鮮血正將之染洗，又有多少兄弟姐妹在這場無休止的殺戮中喪命。「月光色，女子香；淚斷劍，情多長；有多痛，無字想。」國破家亡，自己卻無能為力，那是多大的痛苦啊。不，即使別人不幫自己，我也要用雙手報答我的國家。於是，她用她柔荑般的纖纖細手搬起了一袋袋救濟糧，看著災民們吃到飯時的快樂，她滿足地笑了。她，就是許穆夫人，中國史上的第一位愛國女詩人。她，用愛國的信仰，一磚一瓦地為自己國家的安全加固，她是巾幗不讓鬚眉的女中豪傑，但，她更是個平凡的愛國者，她只是想像別人一樣，用自己淳樸的內心、愛國的信仰去回報生養自己的地方。也許，我們的力量很薄弱，但信仰會是我們最大的動力源泉！

濛濛細雨，雷聲嗚咽，濕了翅膀的蝶兒哭泣著，跌跌撞撞地來到愛人的墳前，山伯，不要擔心黃泉路上孤單無人陪伴，你的英臺這就來陪你。忽然，墳墓炸裂，一身紅嫁衣飛身躍入墳中，那一刻，她笑了，那間，洪荒五代，彷彿一道悠遠的光束穿透時間、空間，綻放在她的嘴角。她終於解脫了。墓復合攏，雷雨驟歇，彩虹高掛，一對蝶兒從墓地飛出，蹁躚飛舞。愛情譜寫了美麗的故事，梁祝是最美的字符，雖然淒涼，卻也可歌可泣。是什麼使兩個封建家庭中的孩子有這般勇氣呢？是他們之間忠貞不渝的愛情信仰吧。也許，我們的生命很短暫，信仰卻使生命不再空虛，擺脫了行屍走肉，活出真正的意義！

　　一把輪椅，伴著他度過了大半輩子。十八歲忽然殘了腿的史鐵生，感到自己人生的灰暗，於是，他暴躁，頹廢，但真正沉靜下來後他意識到，即使自己的腿殘了，自己的思想仍能運轉。在深刻的反思後，他為自己摺了一隻名為「寫作號」的船，讓自己駛出了絕望的深淵。「微笑著，去唱生活的歌謠。不要抱怨生活給予了太多的磨難，不必抱怨生命中有太多的曲折。大海如果失去了巨浪的翻滾，就會失去雄渾；沙漠如果失去了飛沙的狂舞，就會失去壯觀；人生如果僅去求得兩點一線的一帆風順，生命也就失去了存在的魅力。」這就是史鐵生，他用殘缺的身體，詮釋了最完美的人生觀。他體驗到的是生命的苦難，表達出的卻是存在的明朗和歡樂，因為他有信仰，寫作的信仰，對生命尊重的信仰。也許前方的路很險，但只要有信仰，那便是平川坦途！

　　現在的我們呢，生活在和平的年代，有健全的身體，沒有封建禮教的摧殘，但我們的靈魂卻不斷地被內心深處住著的惡魔啃噬，冷漠、無情、殘忍、消極成了魔鬼最有力的幫兇，它正囂張地咆哮著，張牙舞爪著，企圖吞噬我們最後的一點思考。我們卻只能無力地掙扎，痛苦、絕望漸漸將我們淹沒。可憐的人兒啊，哪裡才有專

屬於自己的曙光呢？以虔誠為紙張，信仰為字符，我要許下最神聖的諾言，用生命祈禱，祈禱信仰的力量能化作利劍，披荊斬棘，為我斬去內心的魔鬼，還我滿心的明亮！

帶信仰一起飛向藍天，因為它，讓我擁有理智之思；帶信仰一起拼搏未來，因為它，讓我不再拾起昨天的錯誤；帶信仰一起遨遊滄海，因為它，讓夢想與現實不再遙遠！

語言鏗鏘，選材精當，結尾層次回到現實，直指自我內心從而昇華主題。最後的排比句與開頭呼應，如利箭排空，迴腸盪氣。

程興明

與你，相遇花中
——寫在花街節

施　敏

雲南省昆明第三中學

「路漫漫其修遠兮，吾將上下而求索。」二〇一一年六月六日，是你輾轉千年，與我相遇花中的日子。

清晨，我喃喃著「長太息以掩涕兮，哀民生之多艱」這專屬於你的騷體醒來，窗外早已綠柳成蔭，熱鬧無比。笑笑，在熙熙攘攘的人群裡看到你的身影時，心內的一朵花在悄悄盛開。你是否看到了華夏子孫對你的期待？是否聽到了人們心中對你的呼喊？是否享受著我與你的重逢？

這時的你，懷揣著怎樣的心情來看待自己的過往？

你一定沒吃過粽子吧？這是華夏子孫為了你特地做的一份食物，讓我們在這花兒盛開的日子裡、在我們相逢的這一天一起去品嘗它。這是人們的約定，無論多忙，都會去買，然後在這天吃。其中的意義，你懂。抬頭，看！今天，華夏子孫同舟共濟，號子一吹，共同劃向華夏的浪漫主義先河。「賽龍舟」已成為端午節的一個習俗。這亦是為了你。

你不知道，家鄉的這一天，還有另外一個詩意的節日：花街節。

每年的這一天，家鄉都會以花來做裝飾，以一種特殊的方式來懷念你。而家鄉的一整條街，今天也會成為一年中最美麗的一天。

每個單位都會用心在那塊屬於本單位的土地上設計出獨一無二的圖案，再用五彩繽紛的花朵呈現出來。她的美我無以言表，只知道，她深深地吸引著我，看著她們，我可以露出會心的笑。因為她們，我可以於芳香四溢的花海中靜靜地觀賞著你。

此時，你就站在那一簇美麗的花朵中，以你的「茭荷衣、芙蓉裳」獨領風騷。這時的你，是否還會擔憂無人知你？如果真是這樣，那你就錯了。因為你的一句「唯昭質其猶未虧」早已撼動人心。你出身貴族，又深受楚懷王的寵信，若你「安安分分」就此度過一生，那你的結局恐不會落得如此糟糕。但你不屑，堅持你的政治理想，使楚國一度出現了國富兵強、威震諸侯的局面。可世上偏偏就有一些人，因為你的好，他們嫉妒；因為你的正，他們恐懼；因為你的忠，他們不惜。於是，迎來了你人生的一道坎——你被流放。我不知道，你忍受了多大的委屈，隱藏了自己多少的光輝在那幽幽小道上獨自走去。二次流放到來之時，你的天空終於下雨了，任雨勢浩大，也洗不淨那子虛烏有的讒言，洗不淨那一顆顆渾濁的心，洗不盡那些邪惡的意念。

我忽然間恍過神來，因為我看見那朵朵花兒隨風飄蕩，而逐漸變成了一層一層的浪花。許是我眼花了，你立於礱砌的石上，一言不發，只是淡淡地掃過一切，眼底盡留塵世的悲涼。忽然，你腳尖輕點，引起漫天飛花。

你不見了，我到處尋你的身影，找不到，找不到。你剛才的所立之地空空如也，而我眼前也只有那些漸漸飄落的花瓣。一縷聲音飄至我的耳畔：唯昭質其猶未虧。我頓了頓，然後笑了。

我在期待，明年在花中，我與你的相遇，你與我的相遇。

一位屈原，一篇〈離騷〉，一個中國傳統文化的異數！

一次相遇，一種對話，在情真意切的抒寫中與古人神交，聆聽聖哲的聲音，讓文化的色彩融入了自己的生命！

小作者懷古駐今，在現代中銘記傳統與歷史，在時光的交錯中完成一次有意義的相遇、神交，正是這篇文章的獨到之處。多數的懷古之文，有的是動情想像，卻少有現實的底色。作者巧妙地將自己的思緒收放於古今，使文章更具張力與大氣。加之第二人稱的取用及細膩的描寫，又讓文章增了份秀氣。感情真摯，觸人心靈。

戴慶華

趙纈綢傳

李垚辛

雲南省玉溪第一中學二〇一三屆
（現就讀於四川大學）

　　趙纈綢者，萬曆忠州人也。顏肌清麗出塵，宛若九天仙子，人見其而覺諸女無味。善劍術，使劍名喚光風霽月，傳為宋人寶器，吹毛可斷。行蹤漂萍，任俠川蜀，姦邪多懼。

　　時雙流縣陳紀為惡其地，奪人田宅，盜人姑嫂，鄉人怒而不敢言。紀工流星錘，熟銅所鑄，重達七十斤。曾於兩丈外擊石柱，每發必中，連斷四柱。常謂朋比曰，吾練此技十年，僅右手尚可，左手取準稍差，還需苦練。纈綢聞其名而至，約鬥於大場。劍出而廢其右手，曰：惜汝天質甚高，苟存一命，汝練十年，再鬥於此。紀陰騺，自知不敵，先早藏五點梅花針於臂。乘纈綢不備而發。纈綢機敏，避而又斷其左手，留待鄉人自懲。

　　萬曆四十七年，女真努爾哈赤作亂遼東，於薩爾滸大敗王軍。斬軍馬十萬，盔械積山。帝命熊飛百經略，重振軍務。廷弼赤膽忠心，憂國愛民，朝廷奸小多有阻撓，故長歎天命不至，報國難圖。左右乃薦纈綢圖努爾哈赤首，廷弼苦思而採之。

　　纈綢至帳中，眾人皆驚其貌。廷弼持酒相敬，歎曰，吾輩七尺男兒，國事凋殘，反託於一女流，甚愧。纈綢激昂曰，韃子兇惡，朝堂又藏奸納垢，大帥一心報國，實國家大幸。吾小小女子，既精於此，於國於家，流血落頭，絕無二話。言畢痛飲。眾人皆敬而自

歡不如。是日，纈繡漱洗打扮，與三女偽為叛將同獻，內藏長劍於琴盒之中。努爾哈赤見而大喜，命送於其私帳。同獻一女子妒纈繡貌，又貪富貴，密泄之。至暝，纈繡久坐而努爾哈赤不至。暗度曰，必為賣矣，然國仇大恨不能不報。乃取劍尋至帳中而帳內已空。彼時火炬突明，人聲喧嘩，已遭金兵圍困。大貝勒代善曰，吾精兵兩百，弓弩齊發，汝即刻香消玉殞。吾見汝美貌，劍甚利，降而不殺。纈繡持劍曰，此劍名喚光風霽月，正殺汝等豬狗，豬狗怎配持此劍。乃揮劍廝殺，殺傷百餘人。金兵一時大駭，然人眾，纈繡力盡而亡。既亡，金兵竊其美貌而猥褻其屍，體膚毀爛，不辨容貌。代善私藏光風霽月，數月後漢奴遁走，偷而攜之，竟不知所蹤。

　　廷弼聞其亡，大慟，絕食三日。立衣冠冢，書曰，俠女趙纈繡之墓。

本文作者是我教書二十年來遇到的表達最好的學生。由於有豐贍的閱讀基礎，他的表達冷峻乾淨。他所擅長的小說，有相對宏大的歷史敘事，也有現代市井的瑣屑，其間往往充滿王小波式的智慧與幽默。本文短短八百字中，既有遠逝的江湖的影子，又有令人神往的俠義精神，讓我想起那個十七歲仗劍走邊關的王陽明的少年夢想。只有撇開了高考與應試，才能看到這樣的文字，就把它當一個傳奇故事來讀吧。

戴慶華

莊子，你讓我不堪俗念

趙一葦

雲南省昆明第三中學

讀了大抵能算十幾許的莊子寓言，竟有種「三觀」盡改、遺世獨立之感。恕我才思尚淺，不能將五大部分融會貫通，便權且從我最感慨及撼動的《尊生》說起。

且不論他人讀的〈尊生〉是多麼珍視生命，或標準答案上的〈尊生〉又是如何尊重生命，我被震撼的是在讀完〈尊生〉一 那腦海中閃現的一個詞：本末倒置。不得不說，莊子是多麼嘲笑權貴紛爭，卻又對那些癡人不屑一顧，他只寫，寫了〈尊生〉。在〈尊生〉中，我看到亶父從容而去時的超然。

民，生便可，是誰統治已然不重要。

誠然，「權力」這一事物的出現本來目的便只是為了更好的管理，讓人更好地生活下去罷了。只是有了管理義務的人自然是辛苦許多，人民便給了他更好的待遇作為報酬。怎知歲月變遷，人的私欲淡化了「權力等於責任」，反而將「權力等於更好的待遇」越描越黑。當責任主見變成了當權者的「可供選擇」，而待遇漸漸成了充要條件時，逐鹿朝野、征戰四方也愈演愈烈。於是，責任與待遇本末倒置。可莊子卻連一丁點兒笑世人的念頭都懶得有，他只是平靜地說「尊生」。權且提一提根本吧，至於是否可有人能參透便不是他想知道的了。

已然再一次被折服，以上那些世俗之論也皆是我的臆斷罷了。他身在我們中間，心卻在我們世人外面，抬著他參透一切的眼，冷冷地指出我們的根在哪兒，我們要做什麼。

　　當中有一句：「能尊勝者，雖富貴不以養傷身，雖貧賤不以利累形。」即使富貴也不因養生的物品傷害身體，即使貧賤也不因追逐利益而拖累、禍害身體。恍惚間我忽然想到了詞語的感情色彩這一說。或許從才出生我們就被蒙蔽了。其實諸如富貴、貧賤等詞語全然沒有什麼褒義、貶義之說，都是平等的。貧賤會因追求利益而拖累身體，富貴也會有養生之物傷身的危害，無論是貧是貴，都有優有劣，不分誰高誰低，只是所處的狀態不同罷了，誰能因此而討厭或嫉妒什麼呢？而如今會分了褒義和貶義，好的和不好的，我想大抵也是受了私欲之惑。因了私欲，人們都更嚮往富貴而遠離貧賤，漸漸的，富貴就好了，貧賤就壞了──私欲已然改造了這個世界的價值觀，連小小的語言都深陷其中，竟是生出許多悲涼。

　　連帶著，我在品讀《莊子》時都有如上的感受。或許，正是因為私欲的迷煙，漸漸失去了事物的根本而僅利用以滿足自身的欲念，恰如射箭是為了展現自己，趣灌瀆便以為能功成名就。人們癡傻地追逐著什麼，卻常常沒有想到它的本質在哪裡，只是一味地追，不想功成垂敗但其實差之千里。癡兒般的渴求成了俗念。世人行，鮮有人破。

　　不堪其俗，竟，身陷其俗。

　　這篇文章是小作者學習完先秦諸子散文中的《莊子》選文後，寫下的話語。字字憂心，句句誠懇。緊抓莊子的尊生思想，反思人類私欲的氾濫正是不尊重生命的表現，追逐的本身本末倒置，只會身陷其俗，貽害無窮。我們不僅真切地感受到一個青

年拳拳之心的鳴歎，也能微笑著看到明天的希望。成長，就是
長成自己，長成一個內心有蒼生的自己。

關注社會，是一個青年應有的寫作態度，這一點，小作者做到
了。她用精練而剛性的文字，向我們傾訴她的擔憂，而這份愛
的擔憂就是寫好文章的最好基點。

戴慶華

總有一種期待

曾文靖

雲南省昭通第一中學高二年級

我是灞河上的一株柳，自西楚霸王焚阿房後，便默默地在長安城生長，幾千年春日柳絮、冬日風雪，我一直佇立。因為塵世間，冥冥中總有一種期待，使我不忍離去。

——題記

鳳　求　凰

她是卓王孫家的掌上明珠，他是青衫落拓的潦倒書生，似乎此生並無際遇之可能。只一日，他於廳堂上，她於繡簾下，他撫琴，她側聽。那一句「鳳兮鳳兮游四方」，她聽得分明，她的陌上少年郎，來「求其凰」了！她的驚喜，他的傾慕，促成了千古傳誦的卓文君與司馬相如的夜奔。

那一夜，漢月琅璫，灞柳微頷，目送這一對璧人遠去。

中原來的卓王孫家的千金當壚賣酒了！蜀城的人們傳開了這事兒，紛紛湧向她的酒館。此時的她，依舊溫和從容，酒旗招搖下眉目如畫。她的心中，她的臉上，是藏不住的期待。好男兒志在四方，她的良人，上京城博取仕途，聽說他的〈上林賦〉頗受皇上讚賞，他可就是指日回來，迎她進京了嗎？可那一日，八行書千里來，卻是「一二三四五六七八九十百千萬」獨無「億」。無「億」，真的無憶嗎？賣酒的人們未見她的淚水，只見她從容地轉身，沉靜

地研磨，提筆千斤恨，也無絲毫委曲求全，「……郎呀郎，巴不得下一世你為女來我為男！」果真是「不得相見兮，使我淪亡」！

這段故事的結局，是喜劇。可當她從巴蜀迢迢歸來時，灞河波泛，千萬柳翹首而望，再不見她眼中「願得一人心，白首不相離」的期待。

客　他　鄉

「人人都道江南好，遊人只合江南老。春水碧於天，畫船聽雨眠。」這是韋莊的詞，寫江南旖旎的風光和閒適的生活。可是，韋莊是長安人，是生長在灞柳下的人，江南不是他的家，縱然再好，也不合老。水鄉月下，他夜夜拊心向著長安，將滿腔的期待，絲絲融入月色，遙寄長安。

父母在，不遠遊。可是，生在五代十國那個烽火四起的年代，韋莊知道，曾經的盛唐是再也回不去了，只能遠遊，只可遠遊，方能獨善其身，方能保住父母康健。他成了漂泊的遊子。路過江南時，那裡的書生宿在曉風中，那裡的姑娘賣花聲亦婉轉。可縱然是吳儂軟語相勸、青山綠水相留，他寫「無情最是臺城柳，依然煙籠十里堤」，足見心中對國破家亡、山河飄搖有多痛苦，還有對家鄉深深的思戀，臺城柳，如何及得上灞河柳？他毅然走了。

終於，韋莊在年將半百的時候，做了蜀地高官，力勸王建稱帝，致力改革，政績突出。只是，夢裡不知身是客，一晌貪歡，他還是未曾衣錦還鄉，未曾回到心心念念的長安，山水路漫漫，他的期待始終未斷，可他死在了成都花坊。那一日，灞柳靜默，風姿不再。

塵　歸　塵

光陰曲曲折折到了一九三六年，灞河柳，都已經好老了。關外戰火紛飛，關內人心惶惶，彷彿回到千年前，「漁陽鼙鼓動地來，驚破〈霓裳羽衣曲〉」。我看見黎庶舉家流亡，看見東瀛陳兵無數，

看見多少灞柳下長大的孩子奔赴戰場、血染江河。

　　天下危急存亡之時，灞柳也未能幸免。那些曾經耳鬢廝磨、翩翩共舞的同伴們，有的做了窮苦人家的柴火，有的做了老弱婦孺的武器，也有的，做了那國民黨高官家中精緻的傢俱。每至深夜，古城寂寂，柳怨綿綿，悲歌緩緩，九州將傾。

　　十二月十二日——那是一個寒冷的冬夜，古城中火光衝天，照亮了灞河岸多少無家屍骨，照亮了破碎山河；驪山下人影憧憧，我看見了倉皇逃竄的委員長，看見了冽風中威然毅立的將軍。十四天後，震驚世人的事變得以和平解決。且莫管雙方仍有芥蒂，至少，從此後，華夏齊心，共同抗擊侵略。連我，一株老朽的柳，也煥發了精神。

　　「塵歸塵，土歸土，讓往生者安寧，讓在世者重獲解脫。」親愛的同伴們，瞧，「野火燒不盡，春風吹又生」，炎黃子孫生生不息，連灞河上的柳，也在一茬一茬、一片一片地茂盛生長。

　　我是灞河上的一株柳，默默地佇立了幾千年。長安城已頹，漢唐已逝去，可塵世間總有一種期待，使我不忍離去。期待明月，期待朝陽，期待春風。期待有情人終成眷屬，期待遊子一朝歸來，期待天下萬家平安喜樂。

中考狀元，名副其實，才華橫溢，錦心繡口。作為高二的學生，能寫出如此厚重的高考作文，令多少豪傑汗顏。「總有一種期待」以灞河上的一株柳樹為線索，將「鳳求凰」、「客他鄉」、「塵歸塵」三個內容串聯起來，共同抒發「總有一種期待」的情懷——期待「白首不相離」的愛情，期待夢回故里的親情，期待生活安寧美好。文化的厚重，讓我們明白一公斤棉花與一公斤鐵在藝術的天平裡是不一樣重的；語言的洗練，讓我

們懂得言簡意賅、語豐思贍是藝術創作不懈的追求。同為高考作文，卻有不同的藝術境界。曾文靖博覽群書，厚積薄發，文章寫得風生水起，自然天成。原來，作文可以如此這般美妙。終於明白，語文是心中那泓最美的清泉，潺潺流淌，清澈見底，沁人心脾。

尹宗義

最遙遠的距離

王華興

雲南省昭通第一中學高一年級

　　五千年是一段遙遠的距離，容顏老去，但江山依舊；八千里是一段遙遠的距離，繁華古今，卻滄海桑田。心與心卻有一段最遙遠的距離，彰顯出雪梅般淡雅、秋月般皎潔的真善美，亦充斥著枳子般酸澀、夏蟬般聒噪的假惡醜。

　　霧裡探花，距離越遠，層霧越濃，越不真切。花之嬌美，被距離掩彌。塵氣縹緲，欲尋難覓，欲歎無辭，欲哭無淚。紅塵滾滾，哀怨填膺；世事感傷，觸目心懷。何以至此？只緣心與心之間那段最遙遠的距離。

　　世間最遙遠的距離不是生與死，是殉國精忠之心與忘國庸俗之心的距離。

　　「路漫漫其修遠兮，吾將上下而求索。」世事洞明皆學問，一壺濁酒在手，看世間榮華，閱人間滄桑。國將傾亡而不國，仍胸懷大志而憂國。他仰天太息，「怨靈修之浩蕩兮，終不察夫民心」。掩涕憂民，寧溘死以流亡，以示赤誠肝膽。他，縱身一躍，在江浪翻騰之間，扣響了凝重的天堂之門。此乃何許人也？世界文化名人——屈原也。他以死殉國，並非逃避，而是超然忘我的獻身之舉，是「我自橫刀向天笑，去留肝膽兩崑崙」的豪勇之氣的寄託。

　　「苟利國家生死以，豈因禍福避趨之」，然而他，置國家存亡於

不顧，苟且偷生。他，身為君王，卻無真知灼見；他，身處宮廷，卻棄政尋歡。國難當頭，劉阿斗卻管絃錦瑟，鶯舞依舊。「春花秋月何時了，往事知多少。小樓昨夜又東風，故國不堪回首月明中。」親臨江山，卻不思力挽狂瀾於既倒，千軍潰敗，百城盡失。朝堂之上，束手就擒；敵國營中，樂不思蜀。此乃一人之恥，一國之悲也！君子之心與此等庸君之心，豈不大相徑庭？此誠世間最遙遠的距離也！

世間最遙遠的距離不是生與死，是寬容大度之心與嫉賢妒能之心的距離。

「千里來書只為牆，讓他三尺又何妨？萬里長城今猶在，不見當年秦始皇。」這是一種灑脫，更是一種氣概；這是一種大度，更是一種境界。張英入仕為官，卻不肯因公徇私，代之以一種寬容胸襟，成就了六尺巷的傳世佳談。寬容是一壺香茗，香繞舌際，沁人心脾，使人相逢一笑泯恩仇。

江南杏花春雨，江東才俊子弟。加冠不久，便任東吳都督，年輕有為，卻嫉恨臥龍。自恃聰慧的他終遭孔明三氣致死。只因嫉妒化作了一枝枝毒箭，一次次射向他脆弱的心臟；只因寬容的救命稻草被他一根根斬斷，使他從泰山之巔墜入無底深淵，英年早逝。未能厚德載物，何展「星垂平野闊，月湧大江流」之宏圖。

世間最遙遠的距離不是生與死，是冷漠欺詐之心與善良仁愛之心的距離。

「勿以惡小而為之，勿以善小而不為。」古訓告訴我們：「積善成德，而神明自得，聖心備焉。」然而當今社會恰有其人利用這一點獲取不義之財，將自己扮成乞丐，騙取他人同情。殊不知，沿街乞討背後卻是燈紅酒綠、西裝革履。此類事件曝光之後，人們在憤懣中收起同情心，在唾　後變得麻木不仁。

曾幾何時，一位父親為救身患白血病的孩子，不吝傾家蕩產，

不惜放下尊嚴，跪地哀求，卻無人問津。更有甚者，當街指其大罵，動手動腳，再投之以鄙視的目光。他一次次跌倒，又一次次堅定地爬起來，含著淚水，依然將兒子的病掛在嘴邊。旁人並未動容，只有冷漠，冷漠，不變的冷漠……終於有位大學生含淚向他捐出了所有的零花錢。一句「我相信他說的是真的！」將心跳定格在那一刻。

心靈美醜之距離才是世上最遙遠的距離。哲人羅丹說過：「世間不是缺少美，而是缺少發現美的眼睛。」練就一雙慧眼吧，看得清清楚楚，明明白白，真真切切。讓真善美之光華永駐心間，讓假醜惡之陰霾灰飛煙滅。

心靈因距離而瑰麗，麗如瑪瑙；靈魂因距離而高貴，貴比璞玉。此距，美醜之距也。美醜之距，世間最遙之距矣。

作者拒絕無病呻吟，拒絕嘩眾取寵。關注現實，挖掘生活，站在歷史的制高點，審視現實問題。無論是抒寫歷史，還是關照現實；無論是文化之花的綻放，還是現實之痛的流露，都在厚重與真實之間，表達出一份勇於擔當的情懷。高一學子，已有書生意氣，已在揮斥方遒。

文章語言精練，短句鏗鏘有力，擲地有聲，節奏鮮明，言簡意賅。作為高一學生，能有如此紮實的語言功底，實屬難得。同樣的話題，一樣的素材，但不一樣的語言，不一樣的表達，藝術的效果卻有著天壤之別。要知道，寫作提升的空間，永遠是無限的。我們窮其一身，錘鍊語言，講究技巧，為的就是追求別有洞天的藝術境界。

尹宗義

CHAPTER 04

學習經典

學習經典，提升記敘類文章的寫作水準

戴慶華

　　敘事類文章既是閱讀的重點，也是寫作訓練不可缺少的內容，在語文學習中佔有大量的篇幅。從初中課本中朱自清的〈背影〉到高中課本中梁實秋先生的〈一次難忘的演講〉，同學們接觸了不少經典的篇目，想必在心中留下了深刻的印象。寫這類文章，除了要掌握相關的文體知識，比如寫記敘文的六要素，描寫、抒情、議論等表達方式，各種修辭手法的運用等，最重要的就是把知識轉換成能力，自如地運用在具體的寫作情境中。尤其是考試的時候，涉及的內容可能是以前沒有見過或沒有認真思考過的，要在有限的時間內寫出一篇內容充實、結構合理、語言流暢的文章，對能力的要求更高。因此，我們有必要總結和學習這類文章的寫作技巧，從借鑒經典名篇的寫作技巧中獲得方法上的啟示，爭取在寫作的觀念認識、方法技巧方面有新的突破，有效地提升應對和處理寫作問題的能力。以下就這些要求說說個人的看法，供同學們參考。

　　學習寫作的方法和技巧，首先要從經典名篇中去體會和領悟。所說的經典名篇，通常指古代和近現代的經典作品。這些經典作品，歷經了時間的考驗和不同時代讀者的挑剔而流傳下來，它們之中所包含的寫作技巧和方法是極其寶貴而實用的。宋代著名的文學理論家嚴羽在教人寫詩時，說過一段極其富有啟發性和指導意義的話，至今仍不失其價值。

他說：

夫學詩者以識為主，入門須正，立志須高，以漢魏晉盛唐為師，若自退屈，即有下劣詩魔入其肺腑之間，由立志之不高也。行有未至，可加功力；路頭一差，愈鶩愈遠，由入門之不正也。故曰：學其上，僅得其中；學其中，斯為下矣。

在這段文字中，作者反覆強調入門須正，立志要高。如果不從古典優秀作品中吸取方法和技巧，入門不正，就會背道而馳，走火入魔，即便再勤奮用功，也只能適得其反。從經典入手，取法乎上，可謂直接找到了學習的根源，可以說是直擊要害。比如在學〈岳陽樓記〉這篇文章時，除了涵泳文章所表現的思想境界、人生追求和人格情操之外，許多記敘類文章寫作知識都自然運用和融會在文章中，值得我們傚仿和學習，其中最獨特的是其由實入虛、由此及彼、以小見大和對比敘述的方法值得我們借鑒。簡析如下：

「慶曆四年春，滕子京謫守巴陵郡……屬余作文以記之」一段即將時間、地點、人物、事件、因果等一一說清楚。

第二段「予觀夫巴陵勝狀……前人之述備也」說明寫岳陽樓勝景的人很多了，作者不願老調重彈，「遷客騷人，多會於此，覽物之情，得無異乎？」繼而轉寫文人騷客的觀感。第三、第四段藉此自然展開，兩大段對比文字，極寫了遷客騷人的樂與憂。

「嗟夫，予嘗求古仁人之心……吾誰與歸？」由寫景折筆直寫古仁人之情懷，「不以物喜，不以己悲……」高昂的議論，抒情與感慨的文字，一洗遷客騷人的狹猛，陡然為文章開拓出闊大高遠的境界。寫樓，小事也，然而由一座樓寫出作者胸懷國家民族大義，可謂以小見大之文章典範。如果要我們來寫一篇某某樓記，其中的方法和技巧完全可以學習和仿照。比如開頭一段乾淨俐落地把去某某樓的時間、地點、人物、因果講清楚，第二段寫前人登此樓的觀感或寫此樓的精彩之處，第三、

第四段作對比，寫眼前景象與記憶中或其他季節或其他天氣狀態下的景象與感受，第五段由景想到人事、命運、社會、國家或感悟出某個道理，等等，其間再穿插恰當的修辭手法和表達方式，何愁寫不出一篇好文章！

由上述的例子可以看出，學習經典，不但可以學到深刻的思想，獲得情感的薰陶，提高審美水準和趣味，而且可以學到實實在在的技巧和方法。學多了，理解透了，胸中自然就會有一些好的結構模式，寫起來自然有法可依，有章可循，到時自然可以因情境的需要，「作」出一篇有模有樣的文章。學得好的，還可以變通創新，再創典範的模式。比如蘇東坡寫〈前赤壁賦〉，同樣是寫觀覽遊歷，同樣寫到樂和憂，東坡先生從憂樂中卻翻寫出一段詩意人生的境界，開闢了人生另外一個精神棲居的自在之地。蘇東坡很小就欽佩范仲淹的為人和文章，等中進士想去拜訪時，范仲淹已經過世。蘇軾感歎道：「吾得其為人，蓋十有五年，而不一見其面，豈非命也歟？」可見其對蘇軾的影響。

有些說法聽上去有一定道理，但並不科學和準確，比如什麼寫文章要有感覺、要有靈感等。大家想想，感覺是什麼東西？不過是人因外界影響或刺激而產生的短暫心理活動。感覺有條理時，文章自然不會太差，感覺混亂時，文章的品質和水準如何有保障？沒有章法和技巧的支持，所謂感覺和靈感，反映在文字上，不過是一些語言碎片。即便偶而寫出一篇好一點的文章，也不過是運氣好而已，尤其是在考場上，憑感覺來寫，豈非如同兒戲？現在中學生考場作文總體水準低劣，恐怕就是憑感覺寫出來的。我們要做到的是從經典中學會寫作的基本模式，這樣在有感覺和靈感的時候，就可以成就一篇好文章，在沒有感覺和靈感的時候，也能做到凡寫必能成文，凡文必能成章。扎紮實實地學習和模仿經典的方法，才是作文最直接的途徑。如嚴羽所說：

先須熟讀楚辭，朝夕諷詠，以為之本……李陵、蘇武、漢、魏五言皆須熟讀……久之自然悟入。雖學之不至，亦不失正路。此乃從頂上做來，謂之向上一路，謂之直截根源，謂之頓門，謂之單刀直入也。

有了方法和技巧，還要明確寫記敘類文章的目的和意義，借記敘之筆，寫出文章思想的深度和感情的豐厚，提升寫作的水準和品質。小學、初中階段，寫這類文章，主要是訓練文章結構和語言表達的能力，一般能把記憶中印象最深的人或事交代清楚，寫完整，給人一個輪廓較為明顯的思維過程即可，有一定的文字能力，有知覺的印象，可以憑感覺來寫。比如寫〈我的爸爸〉、〈我的媽媽〉、〈一件難忘的事〉，只要寫出爸爸、媽媽的特點和事件的來龍去脈，如他們的外表、語言、習慣動作以及自己感受最深的一些做人品質等即可。這時的寫作，隨意性、偶然性較強，基本上還沒有考慮文章的思想情感的深度、厚度，也不具備謀劃篇章的能力。而到了高中，人的思維、情感和理智已漸漸成熟，社會化的意識明顯提升，對自己的未來開始有了強烈的嚮往和憧憬，心理的獨立性開始顯現，總之，成長已經一步步把我們推到了社會生活的舞臺，這些都要求我們的同學能夠站在一個和成人相接近的高度來看問題，因而強調寫作的目的和意義，成了寫這一類作文要追求的根本宗旨。在高考的評價指標中，通常把這樣的要求稱為立意。立意的高低，成了評價作文成績的一項重要指標。所謂立意，就是文章無論怎樣寫，落腳都要超越就事寫事、就人寫人的狹隘視野，要儘量向積極的情感態度、高尚的價值觀和健康高雅的審美方向貼近，但不是空洞的說教。

要寫好記敘類作文，除了上面提到的內容外，還須選好敘述的角度，體現文章的新穎別致；精選敘述的內容，讓文章一氣呵成，豐滿圓融；提升語言的表現力，展示文章的文采；等等。關於這些，其他老師有所論述，本文就不贅述了。

本章所選的作文，大都是以回憶為主的敘事類作品，從中可以看出同學們在一定程度上對經典作品寫作技法的學習和借鑒，大家可以在閱讀中細細體會，在此不一一列舉了。

南瓜，我生命的痕跡

王青青
雲南省箇舊第一中學高三年級

　　這一季，南瓜花又該開了吧？開在山間，開在地頭，開在人們需要的地方──不管土地多麼貧瘠，它都願意！

　　南瓜活在我童年的碗裡，是我童年的蜜餞。小時候我們村的交通不發達，村上的人家又很少，僅有五六十戶，所以小商販們都不肯來，於是我們每星期只能在星期天的時候背上背籮去鎮上趕一次集，在集上採購好一星期所需的物品，包括蔬菜，而蔬菜買來擱不長久，所以家裡可享用的果蔬總是很少，常常到一星期的後幾天就沒新鮮蔬菜吃了，一頓飯常常是就著點鹹菜就湊合了。在這種情況下，村裡人不得不自家再種些菜吃。因為南瓜不挑別土壤、不貪求肥料，但結的果實又大又甜，而且種植方法很簡單──只要為它挖個小坑，然後將小小的南瓜子丟進去，再填上土、澆上水，它便會默默生長，並在幾個月後從它乾瘦的藤上「養」出一個個碩大的南瓜小子來，於是南瓜就在我們這貧瘠、缺水的地方落了根，成了家家都有的蔬菜、桌上碗裡的常客。童年的記憶總使我想起它，它生在貧瘠的地方，結的卻是香甜的果實。它滋養了我的大半個童年，是我貧苦童年時代碗裡的糧食、心裡的蜜餞！

　　南瓜活在媽媽的教誨裡，是我學習做人時心中留下的痕跡。媽媽常跟我說，做人要像南瓜：「南瓜皮是黃的，心也是黃的，不像

人，表裡不一。只要有土，南瓜隨處都可安身。人吃了這麼多年的南瓜，現在人們對物質條件要求越來越高，而南瓜卻照樣長在和那些年一樣的土裡結它的瓜，不貪圖也不抱怨。」就這樣，我沉浸在充滿南瓜守則的氛圍裡，在它的指引下笨拙地學著做人，我成長在平凡生命的土壤裡，渴求將來某一天能結出喜人的大瓜。

　　活在一個南瓜般女人對我的細細呵護裡，是我成長的記憶。在我還未出生的時候，我就與南瓜緊緊相連了。因為我的生命是一個南瓜般樸實壯實的女人給的，因為我生在「南瓜女人」的家裡。那裡四周都是土，中間家什簡單，頂上是青瓦，頂下是電燈。四周的土共同圍成了女人的家，為女人擋去了狂風與毒日，但也擋去了光線。中間的家什為女人提供了基本生活用具，卻不是享受而是勞作。屋頂上的瓦為女人遮了陽，卻在下雨的季節裡不敬業地放進些雨珠，那些不速之客俏皮地落下、濺開，女人愁得額頭上都新添了幾條皺紋。屋頂下的燈用它一百瓦的光為女人驅散了絲絲黑暗、點點寒氣，帶來些許暖意。就是在這樣貧瘠的土壤裡，「南瓜女人」堅守著家庭，拉扯大了我，不嫌棄，不放棄！努力地結著她的瓜！她是我媽，一個南瓜一樣的女人，一個用愛甚至生命守護我的女人。

　　然而，這個時代已經很少有人誇讚南瓜了，吃南瓜時也不會覺得那麼鮮美了，南瓜成了農村土包子的東西，養生成了南瓜走上都市人餐桌的唯一理由。人們都忘了在饑荒的年代是誰養活了他們！南瓜就這樣默默地頂著土包子的帽子消失在了現代人的視野中，它不記恨人，而人們卻忘了它！

　　但是，南瓜卻在我的生命裡留下了痕跡。一碗碗南瓜糧，一句句南瓜言，一個個擁有南瓜的日子，它們都用南瓜串聯，形成了我人生的一道道動人風景，陪伴了我成長的笨拙歷程，刻成了我生命的條條不滅痕跡。——不論人們是否記得它！

（本文獲二〇一二年第八屆「恆源祥文學之星」中學生作文大賽國家級一等獎）

開篇語以議論引出描寫對象，文章結構嚴謹，各層次皆有有力之語引領，彼此互有呼應。內容具體實在，極富生活氣息。物人雙線推進，「南瓜」頗具象徵意味，代表了樸實堅韌的農村婦女。

李　度

山，在夢裡縈迴

秦鑼洋

雲南省曲靖第一中學二〇一〇屆

（現就讀於中國政法大學）

記憶裡的爺爺，是個眉目慈祥的老人，有山裡人健壯的身板。他總愛在太陽下樂呵呵地笑，露出整齊堅固但被旱煙薰得發黃的牙齒。他笑起來的時候，眼睛有些混濁，但精神矍鑠，皺紋不多，也不深。那爽朗的笑聲，像是山裡最淳樸的歌。

記憶裡的爺爺，總是傴僂著腰，背著手，跟著牛群爬在陡陡的山坡上，一步一步地，踱著歲月。夕陽的餘暉，給山坡上的不老松披上了金甲，帶頭牛兒脖子上的鈴鐺，發出清而悠長的「當當」聲，爺爺沾滿泥的大腳板，踩著困倦的落日，跟在溫順的牛群後面，回來了。

年幼的我遠遠地看見爺爺，就開心地站在家門口，用清脆如百靈鳥般的童聲，朝山坡上喊著：「爺爺──爺爺──」

爺爺停下他的腳步，用略帶沙啞的鄉音回答我：「歐──」

我站在家門口有幾十年歷史的陳柴前嘻嘻地笑。

等爺爺走近了，我歡喜地撲上去，想打開爺爺那黑漆漆的帆布包。

爺爺把我攬進懷裡，把帆布包往身後一藏：「猜猜爺爺給你帶什麼好東西啦？」

我撓撓頭：「是初開的馬纓花嗎？」

「不是。」

「那是小火把果嗎？」

「不是呀。」

「那是什麼呢？是好看的小石頭吧？」

爺爺又笑著搖搖頭。

「爺爺，爺爺，那到底是什麼？我猜不到呀！」我急得像小猴子一樣，攀過爺爺的手，迫不及待地打開帆布包。

「哇！是雞樅！」十幾隻鮮嫩的雞樅小箭似的碼在包裡。

爺爺慈愛地撫摸著我的頭說：「今晚可以喝雞樅湯嘍！」我像是放歸山林的鳥兒，開心得又蹦又跳。

其實，山裡人撿到雞樅幾乎是捨不得吃的，因為要拿到集市去賣，以貼補家用。大家吃的，都是賣不出去的雜菌。

大伯大媽聽說爺爺撿到雞樅，連忙跑來要收起去賣。

爺爺早把雞樅全拿去洗了。爺爺面對大伯大媽的生氣，只是慢悠悠地說：「這是要給我二孫女吃的。她讀書成器，比男娃娃都強。」爺爺說完，又露出了質樸慈祥的微笑。

爺爺，曾是村裡的民辦老師，教過十六年書。

爺爺轉過頭來對坐在他身邊的我說：「你還記得不？你才這麼大的時候，」他停止了洗雞樅，抬起手比畫了一下，大概有他的懷抱那麼大，「我領你到城裡。我背著你呀，把城周圍的大山都走過一圈了呢！」

我搖搖腦袋：「不記得了。」

「傻孩子，那時你太小啦！你看我都糊塗了。」

「爺爺，那現在你還能背我嗎？」我問。

爺爺說：「咳，人老了，不行了。」

我一怔，爺爺怎麼會老了呢？

他還是照片上那個和年輕的爸爸站在一起比爸爸還高還魁梧的

爺爺嗎？

他還是記憶裡那個強壯硬朗的爺爺嗎？

不是了，再也不是了。

他駝了背，腰彎得像弓一樣。他的頭髮、鬍子全白了。他臉上的皺紋真正成了溝壑。

他再也不能像從前一樣把我背在背上，走遍大山。

是我長得太快，還是光陰在他身上、臉上雕蝕得太快？

我注視著他那雙在泥水裡忙著的手，枯樹皮一般蒼老的皮膚，血管經絡凸起彷彿盤虯臥龍。

爺爺看著我呆呆的樣子，停下了手中的活。

「別小看這雙老手哩！它們教過山裡的孩子識字、做算術，它們還把許多娃娃包括你爸爸送出了大山。好好讀書，娃。你以後要去更遠更遠的地方，幫助更多更多的人呢！」

我若有所思地點點頭。

「孫女，聽爺爺的話。不然你以後就沒有機會了，就再也聽不到了。」

「爺爺，爺爺，你要去哪裡，你要去哪裡呀？以後我怎麼會聽不到了？」我急急地追問，快要哭出來了。

爺爺抬起手，緩緩地往身後一指，沒有說話。一滴泥水從他粗糙的指節上滾落，好像一滴混濁蒼涼的老淚。

我順著他指的方向望去──

是一片重疊高峻的，茫茫的，沒有盡頭的大山。

（本文獲第十一屆《語文報》杯全國中學生作文大賽全國一等獎）

文章立意深遠，內容樸實，文辭精簡傳情，構思新穎別致。看似一篇精緻動人的小小說，又似一篇情深義重的抒情小品。既生動刻畫了一個性格健朗、寬厚慈愛的爺爺形象，又寫出了爺爺和我之間的深厚親情；既是寫記憶中的爺爺，又是寫現實中的爺爺。作者因情而作文，自然辭簡義豐；又因爺爺和自己已經融為一體，自然如夢如真，虛實相生。最後一句點題，頗為精彩，寫山寫人融為一體，青山永恆，如同心中爺爺的生命一樣。

浦紹麟、戴慶華

燈　火

韓雨桐

雲南省昆明第一中學二〇一三屆
（現就讀於上海財經大學）

> 驀然回首，我看見我依稀的淚光滴入你的手心，嵌入你的掌紋，連同著，嵌入你衰弱的心，直到這時我才明白，這就是我們的宿命。

——題記

一

我做了一場夢，在你離去的那一天。夢中我站在你的墳前。

那是一片蒼茫的大海，海面上水霧繚繞，升騰起一團團的火焰，將周圍的所有點燃，就如同地獄裡壯觀卻恐怖的畫面。

你的墳靜靜地躺在大海的另一端，被縹緲的風暴包圍。火焰將你我隔絕，我站在大海的這一頭呼喚著你，以及你的靈魂。

深色的夜空中劃過白光與黃光交織的流星。它們定格在角落裡，不去往遠方，亦不回頭。它們堆積著，固執地留下，直到漫天下起了閃著黃光的白色的燈火，像是蠟燭的心臟在最燦爛的時刻被切割下來，棄入風中。

我轉過身，背對著海面——記憶這臺老式的放映機，將一幅巨大的畫景投放在棱角分明的山嶺上，海鳥飛過，它們用尖尖的喙徐徐啄開了最初的帷幕。

二

　　一九九四年，你六十歲。

　　我的啼哭結束了你焦急的等待。從此，你又承擔了另一個重要的角色──我的外婆。

　　「自芬，你說我們給孩子取個什麼名字好呢？」外公捧著《新華字典》，興奮地對你說。

　　你拿著早給我準備好的橡皮娃娃逗我傻笑。我噴出一臉的口水，嘻嘻哈哈地舞動著胖乎乎的手腳。

　　你邊幫我圍好口水兜邊說道：「你看看她這滿口的唾沫星子，像下雨一樣！」我終究不明白外公是怎樣醞釀出了這種空前的靈感，他在你說完後以迅雷不及掩耳之勢從櫃子裡端出他那支陳年老毛，大筆一揮，在白紙上寫下了漆黑的「雨桐」兩個字。

　　於是，我就被扣上了「我媽崇拜瓊瑤」的帽子。

三

　　其實，你很少叫我「雨桐」的。你喜歡喊我作「小臭屁」或是「韓臭屁」這類的大俗之稱。你叫了十二年，我聽了十二年。

　　你識字不多，卻是一位出色的會計。你總樂意撥弄你小有歷史感的算珠，在粗糙的筆記本上記下點點滴滴雞毛蒜皮的小帳。我常認為你的行為太過於計較，直到後來，我一個人在外生活時才發現要堅持做這樣一件事情是多麼不容易。我不得不承認，你是一位合格的家庭領導人，是我們這個家最堅強、最有力的支柱。以至於有時我會把你想像成馱著一座宏偉城堡的蒼老海龜，你爬行得緩慢而艱難，可你快樂並且永恆。

　　你曾經和我提起過你小時候的經歷，每每念此，都會使我無比心疼。

　　你，沒有童年，沒有幸福和家庭溫暖可言。你是那時飄浮在世間的雪花，冰冷而微小。你說，你總是被父母遺忘，若記起你又會

遭到毒打。我實在想像不出一個遍體鱗傷的瘦弱身軀在寒冬裡穿著單衣撿拾煤灰的情景，我躺在你的懷裡，想像不出。你什麼也沒有，卻什麼都願意付出給別人。你老是不計報酬地幫人家，把自己幫進了醫院，老是管別人的事情，關心別人的狀況，卻總忽略你自己。

還有，在你的孜孜不倦的薰陶下和從不厭煩的包容下，我也變得太過脆弱，太過軟弱。說白了，我被你培養成了一個高高大大的封存淚水的漏斗，一不小心，自己都會把自己給決堤了。

我埋怨你。

四

每一年你都會幫我慶生。

在狹小的客廳裡擺上一張最長的茶几，在茶几上擱一個簡單、普通卻格外香甜的奶油蛋糕。你會卷起袖子，點燃灶火，高高興興地炒上幾個拿手好菜，讓我們一飽口福。

我還記得十歲那年，是最漂亮的一次。那時候，你買了很多很多蠟燭，足有幾十支，放滿所有陰暗的角落。當我放學回來，一進家門就聞到一股濃濃的糊味與菜香混雜的奇妙氣息。

我的生日是十月，在冬季，天黑得很早。七點多的時候，外面已失去了顏色與溫度。

我感動得不得了。

我想，這個落滿灰燼和光亮的地方就是我的家。那個為我策劃一切的人是我的幸福。

五

我終究做了一場夢，在你轉身離開的那一天。

歲月把你扔進了記憶的深淵，帶著我轟轟烈烈地向前跑去。

那一片深色的大海，是這麼多年後生死兩茫茫的界限。我在這一光年的盡頭，你卻成為了下一光年的幻影。

被啄開的帷幕總是在不經意間重新合上，我轉身後，背對著棱角分明的山嶺。

　　原本平靜的海面掀起了微微躍動的水波，一浪接一浪。我看見熾熱的鮮紅的火焰漸漸被澆熄了，被漫天的燈火澆熄。它們融化成了風暴的一部分，席卷而去。

　　我伸出左腳，向前邁了一步──我的鞋子被腐蝕，我的腳踝被腐蝕，我的手掌、我的髮梢消失殆盡。似乎，恍然間，我也做了海面的一部分──海的泡沫。

　　泡沫注定要隨著水汽升騰，凝結，就像古老的童話一般接受劫難的洗禮。我努力著。

　　可是當我毫不猶豫地努力時，我的雙眼卻又分明地矗立在海岸與天空的交點處，凝望著你的那一方墳墓。它捨不得你培養的那個會自己決堤的漏斗。

　　這時的夜空閃亮得如同春日的早晨，萬千蠟燭從雲層中穿出，它們熟悉的身軀落入了我周圍的水域，它們的心臟卻久久地和我的雙眼一起矗立在海天的交點。我突然感到前所未有的熱量積蓄在我的體內，縱使我早已不復存在。我的雙眼隨著燈火蛻變成了心臟，蛻變成了靈魂。

　　等價的，終於，你出現了，出現在你的墳頭，你閉著眼睛對著我微笑，一如既往的慈祥。你輕輕地向著我揮手。我旋轉，飛舞，卷起一海的風暴和火焰，也對著你，輕輕地揮手。

　　然後，轉身，你安然消逝。然後，轉身，我落一地破碎，衰敗。

　　眼淚滑落的是句點，我在這一刻篤定了命運這條劫難的方向。曾何時，我把淚光遺失到了你的手心之中，嵌入你的掌紋，連同著，嵌入你衰弱的心。我明白這一生總有宿命注定我們需要別離。我知道這一生你做了我的燈火，我點亮了你的轉身。我們也就無所

謂遙遠和距離。

漏斗總有一天將被類似於三峽大壩這樣的工程所了結，年少的太薄太輕的心也終會被歲月扔進地獄。如果一天一天紅了櫻桃，綠了芭蕉，那麼一年一年，我願意在街角轉身，在黑色的房間裡點亮一縷燈火，以此思念你的痕跡。

如果你累了，你感到孤獨和寂寞──

那麼驀然回首，你會看到，你的燈火闌珊處，我擺滿了你留下的蠟燭。

（本文獲二〇一〇年第六屆「恆源祥文學之星」中學生作文大賽國家級三等獎）

當叛逆與不羈成為了現在中學生的代名詞，這樣才氣勃發的文筆變得更為少見了。這篇文章中，作者用從非常私人化的視角，以別出新意的敘事組合，為我們展示了與外婆一幕又一幕感人的畫面，這時的孩子是純粹的，是真誠的。我的轉身與外婆的轉身，在文章中為我們勾勒出一個平凡但是溫暖的故事，至情至性。

古少華

故鄉的天井

張筱苑

雲南省昆明第一中學二○一一屆

（現就讀於華中農業大學）

故鄉在南疆建水小城，一個小巧秀麗的地方。那裡雖不出名，卻也是個文化聖地：米文化、祭孔、花燈小調……還有天井。

建水的民居如同這個城鎮一般小巧，多是四合院式的小方塊，也稱之為「一顆印」。從空中俯視，一枚枚小巧的印章印在這一片寧靜和樂的土地上，而那中間小小的陰刻，便是「天井」。

天井不大，四周都是較高的石階，多用青石板，中庭用石板密鋪，雨天的陰柔配上青石的冷冽，別有一番江南的韻味。邊上有一個引水的小孔，為的是防止下雨天雨水積起來，漏進屋裡。天井中間多留空地，不放什麼擺設，只是夏天鋪張涼席，冬天支個火盆，家人圍坐，鄰里時常光臨。大人們拉著家常，小孩子則比誰的彈珠多，偶而爭上兩句，也更增幾分童趣。

曾外祖母曾是大戶人家的小姐，有幸住過祖屋。雖然從外面看起來多是些漢文化的正統體現，走進去映入眼簾的依然是一樣的天井。對於孩子們，「大戶」這一封建名詞可不如彈珠作數，在一起總是不分彼此，一同擠在天井裡。夏夜，一同躺在涼席上數星星，好不愜意，時常不知時地睡過去。大人們興許是因了孩子，也放了身段拉家常。月光下，十分融合。

後來離開了祖屋，一家人搬到了鄉下。兩層樓的水泥房，卻依

然在中間留了天井，雖然比以前小了許多，鄰里間也似是因為空間不大而不常來，但一家人坐在天井中，吃著鄰里互送的小吃，分享叔公到哪個鄰居家幫忙遇到的趣事，依然滿心溫暖與安逸，一家人其樂融融。

然而，天井在消失。已有些年頭沒有回過故鄉，再回去，卻發現那裡變得太快，我已不再熟悉。也許是因為社會在進步，高樓開始增多，那些小巧的「一顆印」越來越少，偶而幾個韻味古樸的院落，也不過是作為文化遺產供人參觀。街上立著些所謂「復古」的門面，招搖著，深凝的灰色增不了它的厚重，反而更顯輕浮。鄉下的情況也不大好，水泥樓間的小小天井已被封了頂，一條長桌充斥著它。用腳步丈量天井，卻沒了雨天的水簾滴下在天井裡開出無數晶瑩的水花，也沒了涼席上星星伴著的夢。天井，已不在。每日飯後，偶而聊兩句，其餘時間便是盯著電視。

汪曾祺先生認為時代的發展必將淹沒一些文化，比如胡同。這也許是一種進步，因此，他告別胡同時是傷感又樂觀的。然而，我覺得，天井的消失，似乎只是物質的前進，是掩在浮華背後的悲哀，讓人心痛。可是，我依然只能告別。

別了，天井。

會消失的景象有很多，但回憶和記憶可以讓景象永恆，也能延續一些文化的意味。但願這樣的延續能在像作者一樣的「九〇後」身上多幾分，汲取生活中之文化碎片，累積自己之文化素養。

趙露

揮之不去的記憶

王緹縈

雲南省曲靖第一中學二〇一〇屆

（現就讀於對外經濟貿易大學）

　　總喜歡一個人去寺裡，聽年邁的婆婆敲著木魚絮絮地唱著經文，油燈綽綽的淡紅光線漾動著深藍色的棉布衣裳。在這一刻，我彷彿能聽到時光從身旁潺潺地流過。慈面的佛祖安然無語，木柱上紅漆斑駁，大柱的圖騰好像輪迴的印跡，青煙縈繞的香爐散發著古銅的氣息，默默銘記下在每一個香客的世界裡抑揚的面孔。看著落日的餘暉把一切浸染得燦爛卻祥和，總不禁回想起那抹不掉的容顏。

　　祖祖家所在的村落位於山腳，盛夏時荷塘裡總是簇滿大片大片的翠綠，這時候連淡雅的荷花也是歡快的，抿開嘴唇透出無限嬌柔。年輕的孩子是不懂得成全不屬於自己的美麗的，經過荷塘時總要想方設法摘上一朵帶回家去。跪在田埂上、竭力地將小手伸向花朵，緊張的腰脊繃得硬硬的。總是這時，能夠聽見祖祖沙啞的聲音：「囡囡，小心點啊，小心。」轉頭看去，一個瘦弱的身影朝我走來，蹣跚的步子滿含焦急，略駝的背撐著深藍色的棉布長衣，衣角在風中揚起。現在想來，常為當時調皮的自己而無奈，不知自己是為老人帶去了歡樂還是負擔，或許是由於失去，回味總有避不開的矛盾與酸澀。

　　山腰的清泉流經甘蔗地，一直淌到村旁來，水流涓涓清澈，總

讓人忍不住去觸碰那透心的清涼。不安分的小丫頭哪裡會放過這戲耍的良機，毫不遲疑地將鞋襪甩向一邊，卷起褲角小心地走向溪水中，踩在光滑的鵝卵石上，任溪流在趾縫中騰起白色的水花。而祖祖卻摟著滿懷的果子等著我，倚著牆滿臉和藹。還是深藍色的寬袖對襟棉衫，好看的盤扣和精緻的繡鞋，銀白的頭髮彌散著掩不住的憔悴。不知多少次，這樣的形象出現在接近黎明的夢裡，那個青衣銀髮的老人，手裡提著古老的燈，髮際綴著光澤瀲灩的銀簪，微笑著朝我走來。懷裡摟著果子，身後是寂寞的墳墓。於是，一次次在夜末尾驚醒，倉促地抓過水杯放在唇上，汩汩的涼白開水將意識沖刷清晰，卻難解內心的隱痛——靈魂在眷戀與撕扯。

是誰曾答應過，在來年荷花滿池時還會回來，回來看盛放著我童年的村落和那溢滿皺紋的臉龐？可是祖祖的図図食言了，她醉倒在霓虹的嬌嬈中。她忘了，還有這樣一個憔悴的身影，常常在村口蹣跚，銀髮在風裡紛飛，日光將皺紋鐫刻得分明。無奈，遠方的等待未果，失落地散在了風裡，化作悽楚的哀樂。

中秋前，不顧母親的萬般勸阻，回家參加了祖祖的葬禮。青石木簷的小四合院裡四處散發著潮濕的氣息，白色蠟燭含著暗紅的火焰，在紅木的香案上輕輕搖曳。青香的煙霧縈繞著祖祖黑白的笑容，那樣安然，毫無責怪，就像在溪邊，她那靠著牆笑的樣子。

恍惚中，哀樂奏起，彩紙贅疊的儀仗攜著棺槨一顛一悠地出了小院的木板門，白色的紙錢淡淡地揚起而後又沉落在黃土泥濘的去路上。就象生命一樣，曾有騰空絢爛的風華，也終有一天會淹沒在塵土裡，無聲無息，恭送生者的背影遠去。有親眷哭聲震天，有陰雨默默淅瀝，白麻的孝衣紛飛成無限的痛惋，這一刻，天空也為之默哀。

祖祖走了，就這樣走了，還未再握一握那雙微顫的蒼老的手。那些童年時的情景猶如昨日的事情，彷彿明年夏天，我還會去塘裡

摘荷花，還會赤腳站在溪水裡看趾間的水花歡騰，祖祖仍會遠遠地喚我，仍會倚著牆看著我笑。

傍晚，我坐在屋簷下，看綿延的雨水拍打著天井裡的青石板，手裡握著祖祖生前常撚的佛珠，奢想會有祖祖的體溫與氣味殘留在珠縫裡。第一次真切地體會到生命的遠逝，明白死別的順其自然與措手不及，下意識地去挽留卻無奈生死邊緣橫互的溝壑。幸福歡愉所浸潤的歲月，褪去色澤後留下的依舊會是深深的悲哀，回憶與遺忘始終久遠，無論是生者，還是死者。每個人創痛中的距離，那些不願面對的傷，被生死喚醒，讓挽留變得無情。站在生的邊緣冥想，遙望對岸徘徊的靈魂，它們因為肉體的消亡而得以昇華，被此岸的人追隨祭奠。生死的割捨，徹痛促人徹悟，讓渾噩庸碌的人有片刻清醒的停息，痛省或悲哀。

「樹欲靜而風不止，子欲養而親不待。」祖祖，就像漫漫人生路上的油燈，昏黃的光線給了我生活的意念，給了我深遠的溫柔。昨日種種譬如昨日死，今日種種譬如今日生。記憶，刻在骨骼裡揮之不去，它充實著生命，給我以前行的力量。

（本文獲二〇〇八年第四屆「恆源祥文學之星」中學生作文大賽國家級二等獎）

> 讀完這篇文章，我被王緹縈同學清新、自然、細膩、真誠的文筆所感動，文無定法，擅作者為佳！寫作要「我手寫我心」，切忌「無病呻吟」、「包裝整容」。本文頗富詩情、踔厲風發，語言淳美、有感染力，咀嚼生活、感悟幸福，在點滴的細節裡流露出細膩的情，真摯感人，是篇動人的好文章。
>
> 浦紹麟

火一般的邊陲水鄉

楊騏羽

雲南師範大學附屬中學二〇一二屆

　　記憶中，無數次地走進騰沖，暢遊過騰越旅遊文化園，瞻仰過國殤墓園，遠眺過疊水河瀑布，登臨過來鳳山……走進騰沖，就彷彿走進了南絲綢古道的夢裡水鄉，步入目不暇接的文化長廊。火山、熱海、古鎮、濕地，彰顯出這塊土地的神奇和美麗。造物主是太偏愛這塊熱土了，毫不吝嗇地把最好的家當都賜予了這裡，造就了一個夢幻般的騰沖。騰沖是一本韻味醇厚的書卷，需要靜下心來去慢慢品讀，和順則是這本書裡最精彩、最閃亮的一頁，其旖旎的自然風光和深厚的文化底蘊讓人流連忘返。就此停下漂泊的腳步，這裡不是驛站，是心靈的家園。

　　一碗正宗的騰沖小吃——「清湯餌絲」，讓我重新認識了和順、感受和順、徹悟和順。寒假回家，我和家人剛過完年，就開始向騰衝出發，直奔和順鎮。清早，我們便驅車前往，早點也只選擇沿途的一家至今也回憶不起來叫啥名的小店。也正是這家小店的女主人一句不經意的話，引起了我對餌絲的注意：「我們家騰沖餌絲雖然軟和，但有筋骨，要是想嘗到正宗的騰沖餌絲味道，還得要用騰沖的水特別是我們家和順的水呢！」也許是老闆娘看出了我一臉的詫異和震驚，她沖著我微笑著輕輕地補充了一句：「你慢慢地逛完和順一圈，你就明白了。」我第一次細細地咀嚼這碗清湯餌絲，一根

一根地嚼，一口一口地品。油而不膩，軟而不爛！我也第一次靜靜地、深深地品味和順，悟讀和順，很意外，一份水一般的寧靜盡收眼底，一股火一般的激情躍然心間……

和順大概是水做的。

和順古鎮古名陽溫暾，因境內有一條小河繞村而過，更名「河順」，後取「士和民順」之意，雅化為和順。由於地理位置重要，被稱為「極邊第一城」。

站在入口處，放眼望去，青山如黛，綠景婆娑，彎彎的小河悠悠，河邊的水車依舊，彷彿向你講述著古老的傳說。「遠山經雨翠重重，疊水聲喧萬樹風。路轉雙橋通勝地，村環一水似長虹。短堤楊柳含煙綠，隔岸荷花映日紅。行過坡坨回首望，人家盡在畫圖中。」置身其中，婀娜多姿的垂柳，枝繁葉茂的古樹，碧波蕩漾的荷塘，曲徑通幽的小巷，古樸典雅的民房，渠間獨釣的漁翁，衣著樸實的村姑，遊弋嬉戲的鴨群，這一切把僑鄉裝點得如詩如畫、嫵媚萬千，好一派和諧社會田園風光、人間天堂祥瑞氣象。和順是水做的，因為她的靈動，她的澄澈。

從和順大青樹伸長的臂中穿過，上個陡坡，艾思奇的故居就聳立在了眼前。上了高高的臺階，就進入了艾思奇的家。院子彷彿是一個花園，栽滿了花草樹木。艾思奇的塑像佇立在綠色中，只見他身穿中山服，手拿文稿，目視遠方，彷彿在沉思。我們首先進入的是五福堂。五福堂有兩副對聯：「香篆六龍迎五福；燭呈雙鳳迓三多。」「善奏九天憑聖澤；芳留百代荷宗功。」出了五福堂便是展廳。樓上、樓下都布置成了展室，從各個歷史階段展示了艾思奇的一生。門裡的天井和後院在紅漆的木欄裡和諧地統一在陽光下，一間間的展室訴說著一個平凡而偉大的學者、戰士的往昔……回身看這清幽的龍潭水，四周的靜謐讓人恍若隔世。在這樣的地方思考那些枯燥的政治理論，是一種何等的樂事，而這平和自然的美麗景色，

讓艾思奇將這些上層的意識，輕巧地平民化。和順是水做的，她的飄逸，她的靜謐，她的淵博緩緩流淌著。

她太美了，她太靜了。置身其中，我聽不到自己的呼吸，感受不到心跳的律動。不，這不是我僅想看的和順，於是，我繼續走下去，尋找我夢中的天堂。

進了和順圖書館，來不及細讀李根源、龔自珍、艾思奇等名人誌士的匾額和題詞，我被另一道風景深深地吸引了——辛勤勞作了一整天從田裡歸來戴著草帽的老農正在看報，放了學的孩童在溫習一天的功課，年輕人捧著書沉浸在另一個世界裡，此時此刻，彷彿時光凝固了，一座小小山村的圖書館與整個大千世界聯繫在了一起，真可謂：「家事國事天下事，盡在眼前。」看到我驚訝的目光，老鄉得意地說道：「呵呵，你們瞭解了它的發展歷程，就不會覺得那麼不可思議啦。騰沖素有『書禮名邦』的美譽，人們自古崇尚文化。正是有著悠久而綿長的對於文化的傳承，才使和順得以走出中國，成為最著名的僑鄉，也正是有著開放的思想，才讓這裡成為了滇緬戰役最好的支持後方……」老鄉抿著嘴，怎麼也停不下來。那是一種怎樣的執著，讓這知識的熱火越燒越旺？我決定繼續尋找。

從側門踏出圖書館，深深的小巷曲折，淙淙的溪流蜿蜒，邊地古鎮的儒雅在慢慢經歷著百年的傳奇……不經意間踏入洗衣亭。經老鄉介紹，我了解到：和順是著名的僑鄉，自古以來村中男人十有八九離家在外經商謀生，家中的全部擔子就落在了女人身上。發了財的男人為了家鄉婦女洗衣有個遮風避雨的地方，便在溪邊河邊修了一座座亭子，供村裡的婦女們洗衣洗菜。一位老奶奶七十多歲了，丈夫十六歲就出門參軍，傳言他在抗戰中犧牲了，但老奶奶堅信他會回來，她就這樣等了一輩子。瞬間，我的血液沸騰了，這就是我要的和順！它沒有秦時雕梁漢時畫棟，沒有古今名人的詩、詞、題字，更多的時候，像舊社會的一些婦女一樣，連個名字都沒

有，它有的是對村婦們海枯石爛都不變的溫情呵護，有的是和流水一起流過的如歌歲月。洗衣亭是男人有力的臂膀，為女人遮風避雨；洗衣亭是女人溫柔的依靠，為男人祈禱平安。走進洗衣亭，像走進出門男人的懷抱，他們寬寬展展的胸膛總想為女人遮風擋雨，總想裝下女人的嬌弱、委屈；走進洗衣亭，像走進出門男人的心，在漢子的沉默無言中，訴說著一份溫婉與體貼，一份化骨的柔情與歉疚。也許，只有久遠出門而又牽掛著故鄉的人，才有如此精心的心思。

於是，我徹悟：和順又是火煉的！

曾經火山熱海噴薄，昨天馬幫戰火交織，今天和順人家熙攘，我讀懂了這個南古絲道重鎮、抗日文化名幫、翡翠商貿古城上下萬年的過往。

走進滇緬抗戰博物館，靜靜傾聽著老鄉的講述。從「山河破碎」、「悲壯遠行」到「淪陷歲月」、「日軍暴行」；從「飛虎雄鷹」到「劍掃烽煙」再到「日月重光」。當遠征軍將士們在「風蕭蕭兮易水寒」中血戰，拼刺刀後以不同的姿勢在戰場上壯烈犧牲，那些在雪地中「復蘇」的魂魄，何嘗不是一個個民族不朽的脊樑？還有那激戰前夜結婚，卻等待了一輩子夫婿最終沒有等到的女人，從青絲變成白髮，在雪地中無奈終老。誰敢說，她們內心中奔湧的不是愛恨交織的激流……我的淚水，終於流了下來。今日的來鳳山，還保留著當時激戰留下的炮彈坑，那些一片樹葉上曾留有八個彈孔的來鳳山樹葉，還在風中講述著戰爭的故事。

此刻，我終於深深領悟了早點鋪裡的女主人說的話，只有和順的水才能煮出正宗的騰沖餌絲。自古以來，水火不容，而細讀和順卻是水火相容。這裡的小橋、流水、街巷、廟宇、祠堂如水一般柔美，就連鶯鶯、野鴨、老牛，梅花、茶花、稻花，也活現了恬靜的世外桃源。而在古老的火山臺地之上，成千幢特色民居依山傍水而

坐，鱗次櫛比，舉手投足之間便可觸摸到斑駁的歲月和豐厚的文化氣息，那如火一般的壯闊、大愛、堅守、執著、憧憬帶給人刻骨銘心的記憶。古鎮上的那口古井兩邊，各育一棵老樟樹和一棵老榕樹，無處不在彰顯和順人「張揚、包容」之音之情。「遠山茫蒼蒼，近水河悠揚，萬家坡坨下，絕勝小蘇杭。」這就是和順，一個溫婉美麗的南方小鎮，一個南方絲綢古道上的視窗，一個火山環抱的桃源仙境，是東西方文化碰撞交流的地方，是大馬幫駄回的翡翠之鄉，更是一個火一般的邊陲水鄉……

（本文獲二〇一〇年第六屆「恒源祥文學之星」中學生作文大賽國家級一等獎）

和順鄉是著名的僑鄉，歷史上出過不少傑出的人物。走進和順，古樸典雅的祠堂、月臺、亭閣、石欄比比皆是，無不彰顯著它繁盛一時的歷史和深厚的傳統文化積澱。在眾多可寫素材中，小作者獨特地選取了水和火這對看似矛盾的重要意象，去觸摸這個極地水鄉特有的景致及其所孕育出的有著如火般熱情的和順人格，題目本身極具吸引力。作者以騰沖餌絲的柔滑爽韌為引，帶領我們走進如水般溫婉秀美的和順，但卻不拘泥於描摹自然之境，著力探尋在遠離主文化圈下的文化支脈的綿延，探尋當地人如火一般的堅守、執著等大愛情感，讓讀者在優美的文字下體會厚實堅韌的和順大美。作者的情感真實自然，語言流利清雅，行文由景入情，娓娓道來，親切自然，悠悠的情感充溢字裡行間，具有很強的感染力。

牛瑩

家鄉的慰藉

尹　焱

雲南省昆明第一中學二〇一三屆
（現就讀於廣東外語外貿大學）

　　此去經年，該是絕版的一抔家鄉紅土。

　　我生長的地方是中國西南一個岑寂無名的小城——東川，有最炙熱的陽光，也許是因為高原的緣故，又有遠高於同緯度的年均氣溫，也許是因為壩子的緣故。在山嶺懷抱裡，它是一片潛伏的高原，那裡的蒼穹湛藍澄碧，雲朵是縫滿了陽光的包袱，載起那些世俗不可承受之重。登山涉水，是最貼近自然的方式，不像都市一隅的微光之下是擁擠的人潮，這裡融會了現代化與原始的產物。小城之外，仍然是綿亙的山川。家鄉美在不經意，洋芋花懷著身孕，牯牛清泉攜著月光來靠岸，在土豆田裡仰望，便獲得了星辰的詩篇。夢裡的白馬，在花草深處嘶鳴，鄉土以銅的膚色揚鞭。鄉音不改，用民謠豐盈詮釋遊子流離的心。彼時不似吳儂軟語的粗糲與彝寨民歌，新月下的頌詞，是歲月流淌過的風聲。由清代延續下來的傳說，在稻花香中埋進歷史，咀嚼五穀。家鄉磚紅色的泥土，在層疊交錯的光影之中被發現，被中外攝影愛好者追捧，成長為一代人的鐫刻印記。我的血液裡融進了紅土地與泥石流的風骨，堅勁地舒展著。

　　南風吹不盡農諺絃歌，蛙鳴野菜，農人的頭頂上，有被晴朗寵幸的蒼穹。在雲貴高原，金沙江畔，泥石流咆哮過的地方，家鄉的

愛是如此渺小，卻靜美……我的愛，有土地的紋路。家鄉的夏重疊在今日與過去的唱和之中，猶記那些日子，高溫浸濕了空氣，黏在身上的衣袂出水，皮膚灼燙。可我與朋友們愛在盛夏坐在綠油油的足球場上，觀享藍天與奔跑的少年，彼時交付青春年少中的小情、大志，守著一堆「垃圾食品」，直到暮色四合。

走回那間熟悉的屋，外公總是坐在藤椅上，白茶清歡，水煙沸，談緒生。他的花草藤木繞了一庭，伴著時間齒輪徐徐轉啟。直到上了高中，我開始住校，周末返校時他固執地要送我到校門。一次偶然遇逢，我要買報，又恰無零錢，於是請他給我兩塊錢，他立即掏出錢夾翻找，急切慌亂。有硬幣滾落到地上，追撿之際，我瞥見，他破舊的錢夾裡只塞了幾張摺皺的五角。我立地無語，覺得他的髮怎麼已然全白！

多年前，曾和我一般年少的外公從大理古城來到家鄉小城，一如他知識青年的身份，辛勤剛正嚴肅了大半生，直至退離。而我有幸成為外公第一個孫輩之女，我的出生幾乎獨擄了外公所有的心思，兒時的記憶大半是在外公尚硬朗的背上。當我開始給外公背後庭詩歌時，小姨家的弟弟出生，外公的背上由丫頭換成了小子……時光河流裡，他是一位擺渡之人，將我們一一泅渡到光明之岸，自己仍在漩渦裡打槳。

目睹泥石流的足跡，聽著木槿的囈語，我的童年、死黨們的少年，乃至親人們的壯年，於我，為故園賦予了更厚實的定義，她永遠活在記憶的韻腳！

遊子返鄉，為古典的鄉愁蓋上了現代的郵戳。故鄉曾是明清時代的冶銅重地，滿山銅礦曾令清廷特設司府。今日她累了，肚裡的臟腑幾近被掏空，混濁的呼吸成了天邊暗黃蒼冷的月鈎。她待我歸去，在緬桂樹下接受鄉水的洗禮，可我仍留係外鄉——為了不得不赴的追尋。這樣的遊子太多，留她隻身與我們日漸蒼老的父母固守

舒展著歲月的脈絡。上次假期回去，也急於返回。還未看透揚塵，還未厭倦熱浪，還未咀嚼夠那些斑駁淳樸的年華啊！犂牛清泉下，玫瑰清夢裡，多少遊子，吟寫了多少自己的抑或古時的墨蹟。

東川，你像極了一個失了寵的男子，愈發笨重了，你燙印了行行金跡銅銹的景泰藍年代一去不返了嗎？如今，在仍舊碧藍的天空下接受現代化的拆卸、組裝，是騰飛，還是落寞？晚涼多少，紅鷺白鷺，何處不雙飛。

我曾坐擁一座潛伏的高原，做了一厚沓子的夢。洪荒之中，成長拔節之痛，使我們的心臟日漸強壯。

難忘故里，一首泊於心際的詩，許過我一段幼小的初戀，不枉年華如錦繡。

（本文獲二〇一一年第七屆「恆源祥文學之星」中學生作文大賽國家級二等獎）

什麼是一個最厚重的精神？這應該是故鄉，是土地所賦予的。鄉土文學的盛行，莫言所獲的諾貝爾文學獎，都在向我們展示著土地、根與故鄉的力量。我們常常會感慨，學生太小，沒有背井離鄉，所以無法理解。但是，從這篇文章中，我們所看到的，是一片真實、溫暖也有著悵惘的東川紅土地。文章通過對故鄉，對爺爺的穿插性描寫，所呈現出來的力量是令人動容的。

古少華

老 房 子

姚 婷

雲南省昭通第一中學高一年級

　　皎潔的月光如素白輕薄的蠶衣一般，輕柔地裹挾著這一片看起來有些年頭的老房子。

　　靜謐的夜晚，我抱著書從路的這一頭，慢慢踱到另一頭。

　　也許是路太長，抑或是步伐太慢，在這一路上，時間似乎是停留的，讓我總能在路過這一片老房子時，把自己拖進無邊的回憶。

　　路邊的老房子，沉默地訴說著所經過的歲月。

　　一扇扇泛黃的玻璃裡透出柔和的光，窗外朱紅圍牆上插著的風車安靜地待著，圍牆上爬山虎密密麻麻地爬滿了整面牆，月光被濾成綠色才允許進入屋內。

　　人的記憶就像一塊容易被消磁的磁片，突兀地提及，總會有點唐突的莫名其妙的感覺。

　　記憶中的故鄉與眼前的老房子重疊在了一起，多年前那座小城的點滴記憶湧上心頭。

　　我忽然想找一些詞來形容那座生活了許久的小城，但搜腸刮肚，卻是徒勞，只能從這一片走過相同歲月的老房子中，來懷念過去。

　　二樓貼著窗花的屋子裡，是否充斥著一床的睡前故事，講故事的聲音低沉輕柔，講故事的人滿臉幸福，聽故事的人沉沉睡去？

五樓閃爍著燈光的屋子裡，是否正播放著精彩的電視，夜深卻不願睡去，是在等待晚歸的孩子還是早已在沙發上不知不覺進入夢鄉？

　　四樓仍舊飄著炊煙的屋子裡，是否有著重逢相聚，夜深促膝長談把酒言歡的歡愉呢？

　　一切一切，都與記憶重疊。

　　月光下的是我的記憶呢，還是依舊沉默的老房子，抑或依舊沉默的歲月？而再次回到故鄉，回到那座小城，什麼都不剩了。

　　拆掉的，曾在那裡唱唱跳跳一整個童年的老房子，如今修得那麼宏偉，可是再怎樣華麗，都不如記憶裡泛黃的老房子溫馨。

　　兒時的玩伴早已失散四方，在哪所大學、哪個城市過著自己的生活，而如今的鄰居誰也不認識誰。再見面時都已長大。我知道即使再過幾十年，見面也許還是會認得出彼此，只是不知道該說些什麼，只是簡單的寒暄。

　　不會再像從前嘰嘰喳喳吵鬧一整個夏天，一整個年少。

　　而現在，究竟是過了多久了呢？

　　曾經深深愛過的這個地方，揮霍了太多時間來懷念的地方，突然發現，已如洪荒般的歲月，隨著拆掉的房子，長大失散的玩伴，故去了。

　　到不了的都叫作遠方，回不去的名字叫故鄉。

　　我從未想過以前那些再平凡普通的日子，如今想起來會是如此懷念。

　　在院子裡追逐的人，在草地上躺著數過的星星，就像是晃過去的這些歲月，如何才能夠數得清？

　　「懷舊空吟聞笛賦，到鄉翻似爛柯人。」還真是有些味道呢。

　　微涼的風輕輕拂過，我回過神，才意識到已到了路的盡頭。

　　身後的老房子依舊安詳得如同老婦人，只是記憶中的幻影已經

消失。

　　我不屬於那片安詳，那片安詳也不曾籠罩我。只是在路過時，擁抱了我的記憶。

　　我站在原地，有那麼一會兒說不出話來，心中有什麼在暗暗翻湧。

　　這一片老房子裡的人不知道他們有多麼幸福，無論他們何時回到這裡，他們走過歲月跨過時間的回憶都在，他們的生命沒有斷層，每一塊磚，每一棵樹，每一個人，都是他們的見證。

　　而我們這些遠離故鄉、從前居住的老房子早已拆得不見蹤影的孩子，連回憶都已遺失了。

　　我轉身，逆著吹來的晚風，離開了這片安詳的老房子，連帶著我只能用這些文字，零星描述的回憶。

　　這些經歷的過往，這些封存的回憶，有的會沉澱下來，有的也許會遺忘。

　　沉澱下來的，也不會時時想起，只是在某個喧囂的間隙抑或某個寧靜的夜晚，忽然如晨風夕影般湧上心頭。

　　回憶與現實的交織，如同一首小夜曲，緩緩而又流暢地在耳畔響起。

　　面對那引起人無限鄉愁的「老房子」，小作者以內心獨白的方式為我們講述那些每個人記憶中溫暖的故事。文章語言流暢，文筆精緻，情感真摯，值得回味。

　　　　　　　　　　　　　　　　　　　　　　　　　張順娟

老屋的印跡

秦顥庭

雲南省昆明第一中學二〇一五屆

　　粗壯的歪脖子樹依舊迎風屹立在院落門前，大塊的青石板依舊平鋪在院落的空地上，橙黃的磚瓦也依舊整齊地排列在老屋的牆壁上。

　　即使時過境遷，那，依舊是我的老屋。

——題記

　　聽父親說，老屋是爺爺耗盡心血的傑作。建老屋時，父親尚年幼。那時的爺爺還算得上是個精幹的年輕人，在酷夏頂著炎炎烈日四處尋磚找瓦，又在嚴冬頂著寒風帶領一家人揮鋤破土，在歷經無數艱辛之後，才將老屋建成。老屋有著父親童年的回憶，亦是我兒時的伊甸園。

　　而如今，我又一次回到了老屋。

　　老屋建於岷江上游的平地上，走數百步路便能到達岷江江邊。遠遠望去，和湍急的流水相比，老屋更似一位沉默的老人，一個人默默地佇立在半山腰上，顯得孤寂清冷。

　　我走近這老屋。如今十多年過去了，白雲蒼狗，老屋是真的老了。吹過老屋的清風，輕柔地拂過我的髮絲、我的臉頰和我的心房，撩起了我腦海中潛藏已久的那一份美好回憶。

　　走過那棵佇立在院落門前的歪脖子樹，發現樹皮竟變得凹凸不

平，枯黃的葉片灑落一地，風吹過，夾雜著黃土灰塵像任性的小孩一般四處埋頭亂撞。我看見，一個年幼的女孩，身手敏捷地爬上門前歪脖子樹，外婆在樹下驚恐地大聲叫喊，時而慌張地跺跺腳，努力抬頭望著女孩的一舉一動。而女孩一點也不害怕，依舊在蔥蘢的綠葉間躥上躥下，發出銀鈴般的笑聲。

　　走進大樹旁的空地，院落裡原本用來種菜的黃色土壤泛著些許銀白的刺眼光芒，乍一看，竟乾燥得全都龜裂開來，一片死寂。我看見，一個女孩迅速爬下樹來，隨手撿了一根木棍，像模像樣地跟在外公身後給植物鬆土。外公帶著大草帽，眯著雙眼，和藹地把著女孩的手，溫柔地教她鬆土的要領。女孩則睜大雙眼，小心翼翼地刨開鬆軟的土壤，卻又在失去耐心之後將木棍隨手一丟，在院落中飛奔。

　　走近老屋，原本白色的牆面渾然變成了黃色，大塊的漆皮從牆上掉落，露出內部橙黃色的磚瓦。深綠色的野草從磚瓦的縫隙中探出頭來，給破爛的牆面點綴上了一絲生機。我看見，一個紮著羊角辮的女孩背著父親偷偷爬上房頂，取下房頂上的瓦片，砸向對面的池塘，卻不小心被父親發現了。父親瞪大雙眼，雙手背在身後，不顧刺眼的陽光，抬頭大聲呵斥頑皮的女孩。女孩在父親的訓斥聲中爬下房頂，低著頭擦著眼淚，緩慢地走到牆角面壁思過，一邊大哭，一邊用手不自覺地掰下牆上的漆皮。如今，暗黃色漆皮零零散散地貼在橙黃色的磚瓦上，輕輕用手一碰，便掉下細小的渣子。斑駁的樹影倒映在牆面上舞動跳躍，老屋卻顯得更加蒼涼。

　　老屋的後牆竟是密密麻麻地爬滿了萬年常青的藤蔓，把牆嚴嚴實實地遮蓋起來。巴掌大的五角綠葉隨風飄揚，如同波浪一般層層疊疊，跌宕起伏。我看見，一個穿著校服的女孩手中拿著幾根向老師討來的粉筆，吃力地踮起腳尖，在後牆上畫出大大的簡單圖畫，畫著畫著卻發現高處牆面上冒出了一排細嫩的綠芽，於是每次回家

都會一邊將清水灑向嫩芽，一邊默默祝福它苗壯成長。我輕輕撩開密密麻麻的枝蔓，隱隱約約還可以看見牆上的白色線條，用手一抹，竟是什麼也抹不去了。

走到老屋的紅色大鐵門前，發現鐵門早已布滿了鏽蝕的痕跡，用力一推，竟發出「吱呀」一聲，顯得格外倉皇，走近老屋，我頓足。空氣中彌漫著潮濕的氣息，微弱的陽光從屋頂的瓦片中擠入老屋，形成一束束小小的光柱，我輕輕踏上樓梯，卻聽見木製樓梯咯吱咯吱地響個不停。我看見，依舊是那個女孩，興奮地在屋裡跑上跑下，頑皮地大笑著將木製樓梯踏得咚咚直響，又忽然用力推開大門，在院落中嬉鬧。

……

如今，那個年幼的女孩已苗壯成長為一個亭亭玉立的少女，而老屋隨著時間的流逝變得蒼老淒清……

舊時的老屋已變得如此破舊不堪，遠處城市高樓直聳雲天，相形之下，老屋顯得孤寂而又淒涼。只是老屋和我之間永遠都有一根無形的拉索，這根拉索在我們彼此心中留下深深的印記。這拉索，就是那份情。

老屋默默地守護了我五年，它張開飽經風霜的雙翅，將我的童年細密地包圍，不讓黑暗和寒冷靠近。老屋早已變得千瘡百孔，但它對我的那份愛意與情意互古不變。時光荏苒，如今的我已不再是那個年幼的女孩，老屋的記憶卻在我的心中日益深刻，只因為心中和老屋緊緊相連，更是因為老屋裡的人和事是我畢生難忘的經歷。

那間，我便意識到，在屋身上留下蒼老印記的，除了時間，還有我。我一次又一次地對著老屋任性頑皮，而老屋如同一個古稀老人，只是用沉默與微笑包容了我的每一次過錯。它見證了我的成長，是我心中不可磨滅的一抹印記。

前幾日聽父親說，老屋已變成危房，過些時日便要拆除。聽到

這個消息的那一瞬間，我心中酸澀之感湧出。我無法想像老屋牆面上血紅色的用圓圈圍起的「拆」字樣，更無法想像巨大的推土機碾過老屋將它夷為平地的情景……

回首往事，記憶早已變得斑駁零亂。唯有那老屋，在我的心中烙下了深深的印記，永遠不能磨去。

讀著這深情的文字，我隨著小作者回到了她兒時的老屋，一草一木、一磚一瓦都記憶著她兒時的點點滴滴。好在不是物是人非，老屋將拆而「我」卻長大了。但那些烙刻在心底的記憶會是「我」成長的痕跡。

羅 怡

那漸行漸遠的身影

王元亨

雲南省昆明第三中學

外婆年輕時有最強勢的性格和最柔軟的心腸。

這種萬事都要「拿定主意，憑己開口」的個性與我那謙和又大度、集慈悲與善良於一身的外公協調得相得益彰，多一分便是壓抑，少一分便是寡淡。

從七歲到十八歲的十一年裡，我以「衣來伸手飯來張口」的慵懶與閒適棲居在二老的庇護中，百來平米的空間裡響盡一日三餐的煎炸蒸煮與瑣碎的叨念叮嚀。二老的日子是以我為主的，可是再多的謝意在他們四千多個日夜繾綣的悉心呵護面前都顯得那般「林華謝了春紅，太匆匆」，於是我自然而然地想到，這種刻骨的愛並不只體現於我這個外孫，而最根本表露在他們的女兒，我的母親身上。

母親，每當默默念起這充滿溫情的詞時，心裡總有一股暖流滿溢。

我的母親在我心裡是最完美的女人，完美得令我無從下筆。我繼承了母親大部分的容貌與個性，可卻繼承不來她自有一段風流態度的睿智與大氣。

她的青春是詩意美滿而風花雪月的，而我卻用一個肉體的真實將這樣的浪漫清淨草草作結，因為所有來自母親的幼小生命，在新

氧入腔的那一刻便是一種沉甸甸的責任，母愛的天然有之與父愛的後天形成是有本質不同的，於是繁忙與操勞填充了母親的單身歲月。

我始終不能想像一個女人的柔弱肩膀如何能承受生命不能肩負的沉重，經營著她的未來同時規劃著我的成長。昏黃燈光映照著眼角細密的紋路，讓我感慨歲月的繁密。我偏執地認為母親的日子應該如老上海精縫細制的旗袍，多一針一線就是俗套與奢華，少一針一線就是簡陋與粗鄙。可是日子卻老是匆忙，太多的女人在歲月的藤蔓爬到荒涼的額上時，不得不手中懷抱林林總總的化妝品來掩飾已失去的風流。母親卻並不如此，她終日以素顏示人，淡然地將歲月寫在臉上。我也曾暗暗抱怨她不懂得經營自己，可是點點滴滴過後，再為人妻而年近五旬的她反而看上去比同齡的女人更顯年輕與優雅，這才是生活最為真切的印記，再細密繾綣的丹青妙筆也無法描繪的歲月風韻。

也許太多事物都能拿來形容我的父親，卻都不夠時間的延伸。記憶裡的他有我這樣的「小竹竿」所豔羨不已的精練與挺拔，目光裡震懾的是執著與篤定，這與我在一段極不成熟的過去對他充滿挑剔形成了很諷刺的對比。如今涉世漸深的他已芳華暗逝換成了逐漸發福的中年人，不禁讓我暗想：我們這一代兒女情長到底有多少能力衡量現實與夢想的距離？

我依舊愛著他，疼惜他的激進，感悟他的痛楚，理解他的無奈。我還知道他愛我，恨不得替我承擔所有成長中的悲喜更迭。我更知道父與子之間的愛是可以相持相續，彼此心念一輩子的，心上那層堅實的隔膜會在春暖花開的日子裡消融的。

十八歲的我早已過了責備他的年歲，更無法責備幼時光陰裡的那些寸草不生。如今的我心存感恩，釋懷於過去的種種崩塌。如今的他與相愛七年的另一半珠聯璧合，於我來說，也是一種不對稱的

圓滿。

十八歲真是一個虛偽的年齡。驀然回首，剔除了繁複光年中的波折，只沉澱下美好愉悅的風物，彷彿自己的這十八年真是一路芬芳一路情，不留半點坎坷。但就是這樣的虛偽讓我的十八歲變得無比溫潤。

春去秋來之際，我慢慢地、慢慢地意識到：「所謂父母子女一場，不過意味著雙方的緣分就在今生今世不斷目送著我漸行漸遠的身影。而我也在萬事空頭轉的年輪中一次次回首，回應著他們含情的目光。我站在生命的這一頭，他們站在生命的那一頭，而且，我一次又一次地用自己的背影告訴他們，不必追。」

唯讀一遍，眼就霧朦了。一種難以言說的感動充斥我的心，這真是一篇好文章。

一個男孩，對外公、外婆，母親、父親的愛，少了幾分同齡人的依戀，多了幾分疼惜的厚實，可稱得上是一個「大寫」青年；更可品的是他借寫對家人的愛，表達的是青年成人時的一種感恩的堅強，讓我們彷彿看到青年漸行漸遠的背影下那篤定堅毅的面龐。

文章收放自如，沒有刻意點題，卻在自然銜接中流轉靈動，帶出感情多層次中的那濃厚主味，就文章寫作而言是最精彩的地方。

戴慶華

親愛的小孩，你與我同行

馬襄黎

雲南省昭通第一中學高一年級

> 以回憶作筆，墨藍的星空為墨，譜寫我成長的痕跡。
>
> ——題記

親愛的小孩：

從時光的這頭，我寫信給你，會不會很開心？從你到我，有千萬種可能，當年懵懵懂懂的你，如今是否還會躺在床上數星星，小小的你，是否還會躲在黑暗中哭泣？

親愛的小孩，是你一直以來給我勇氣，讓我不曾放棄，放棄成為你心目中最美好的模樣。你的陪伴，從不曾離棄，悲傷、難過、沮喪時，是你用你溫暖的小手，替我擦乾眼淚，堅定地拉著我走向光明。

十年前的你，從不知悲傷為何物，在外公外婆溫暖的懷抱中快樂地成長，那時的你們有一個美麗的小花園，陽光和煦的天氣裡，外公拉著你在小花園裡玩耍，他在一旁給花兒們澆水。水珠在陽光下折射出一道道七色的彩虹，你淘氣地在一旁抓蟲子，逗螞蟻，捉蝴蝶。玩得累了，便和著這濃鬱的花香，在葡萄藤下打起盹兒來，就連夢裡都是花香般的甜蜜。那七色的光芒映在你小小的身體上，襯著嘴邊那抹化不了的笑容，反射出的，是幸福，是安逸。夏日的夜晚，外公抱著你躺在花園的涼椅上，一邊扇著蒲扇，一邊給你講

故事，可你那不安分的心哪，從不肯好好聽故事，總是將你那胖胖的小手伸過去扯外公的鬍鬚，卻被外公紮得哇哇亂叫。

那時，那情，那景，一把蒲扇，一張躺椅，一縷微風，勾勒出了你最快樂的童年，成了你記憶裡最美的回憶。

八年前，你離開外公外婆的庇護，邁進了小學的大門。第一次，你用天真無邪的雙眼打量著周遭的一切，心裡各種情緒摻雜，有不安，有期待，有茫然，有欣喜。漸漸的，你還有了一個很好的朋友。她很漂亮，待你極好，常拉著你坐在升旗臺下的花壇邊，分享自己的零食。你哭泣時，她會手忙腳亂地替你擦眼淚，使出渾身解數逗你開心。其他人不甚理解，一個活潑好動的瘋丫頭和一個安靜內斂的「死」小孩到底是怎樣建立起深厚的友誼，你也不明白，所以你更是把她視為了自己的親人，以至於你發現了比家更廣闊的世界，義無反顧地朝著外面飛去。

五年前，你第一次有了喜歡的男孩。剛邁入花季的你，在那個溫暖的季節，就這樣關注起了那個男孩的一切。他很優秀，是班上的班長，他就坐在你的身後，你總是不經意地聽到他唱歌，聲音慵懶細膩。他的眼睛是細細的單眼皮，裡面是清澈的眼眸。從此，你陷入了這網裡，變成了自身的唯美主義者，總是刻意地修飾自己。並且，你開始由愛玩慢慢變得沉寂，開始捧起書，在燈光下解該死的數學題。在一次測試中，你一下從二十幾名躍至班上前十，你偷偷地幻想能和他進入同一所學校，可事實卻不如意，你們最終考取了不同的學校。

三年前，你聽到了男孩身邊有了新的女孩，難過極了。這時，最親愛的外公永遠離你而去，你自夢中哭醒。是不是生活永遠那麼戲劇，親愛的小孩啊，每想到這些，我多麼想擁有一臺屬於自己的時光機，不顧一切地回去，給那麼無助的你一個溫暖的擁抱，擦乾你的淚水，哄你入睡。

最後的最後，你終於明白，不是所有都如你所想，也不是所有都能永伴你左右，幸福並不是理所當然。你開始學會放下曾經以為拋不開的事，你把外公留給你的文字貼在桌邊，讓它激勵自己。你彷彿一夜長大，學會用微笑面對一切，即使是難過，也執拗地不肯掉一滴眼淚。你堅強地用殼緊緊保護著自己。謝謝你，如果不是你及時站了起來，就不會有現在的我。

　　一年前，你再次面對別離，曾經朝夕相處的同學、老師終還是離你而去。校園裡的一花一草、一沙一石都令你感到眷戀，不曾想像過的別離擺在眼前，淩厲得讓你感到害怕。你花了三年時間找到真正懂你的朋友，可不知道今後會在哪裡，你心裡有深深的惋惜。所以，當你看到她與你的名字同在一張紙上時，你的喜悅就這樣爆出了心口，無措得讓你連笑容都忘記了收起。

　　那些日子裡，你總嫌日子過得太慢，恨不得那些花兒在一夜之間於漫山遍野怒放，你的青春在花香裡飛舞、張揚。我看見你這些年來經歷的事以及那個一邊哭一邊拾別人丟棄的武器笨拙地保護著自己的你，那個越來越成熟的你。你多麼像一隻驕傲的野獸，昂著高貴的頭顱穿梭在茫茫人海中。你不再是那個躲在父母身後用天真的雙眼打量這個世界的小孩。從幕後被推向前臺，面對著這個龐大如蟻穴的世界，你也曾害怕。然而，值得慶幸的是，你終歸具備了獨當一面的勇氣，用力地去愛，用力地去活，用力地去揮霍。

　　十年後的一個雨夜，你為十年前的自己寫下了這封信。手握小巧的鏟子把回憶挖出來，拂掉上面的塵土，十年來的往事，在我的腦海中始終很清晰。那些柔軟的、美好的、甜蜜的抑或是苦澀的時光，伸出手，都想要去輕輕地觸碰，一點一線，一絲一縷。

　　如今，我站在時空的隧道，逆著光往回望去，彷彿還能看見你赤著腳在溪邊踩水，輕柔的陽光穿過枝丫輕拂你的髮梢，光滑的鵝卵石輕吻著你的腳丫。親愛的小孩呀，逞強、倔強如你，你跌跌撞

撞地成長，通向一個未知的地方，我清楚地看見，卻無法給你一個擁抱鼓勵。每當我堅持不下去，我總會看見你趴在陽臺上幻想自己以後的模樣，傻傻的卻又令我充滿動力。每當看到你那些用鉛筆記下的歪歪扭扭的話語，心裡既甜蜜又溫馨，就算不成功，我也願為你而努力。謝謝你，一直以來的同行，從不曾將我拋棄。

從你到我，那些付出的汗水與淚水，是我生命中最真實寶貴的痕跡，我會帶著它們，繼續勇敢地走下去！

願你在舊時光裡，永遠快樂、天真！

愛你的十年後的自己。

敞開心胸，細數生命中那些永遠見證成長的年輪，給自己寫信的構思頗具匠心，讓人眼前一亮，飽含深情的文字真摯、細膩，又不乏流暢。

程興明

盛夏之夢

溫姝鈺

雲南省昭通第一中學高一年級

伴隨我們一生的，是一個叫「夢」的東西。

——題記

當爬山虎順著牆壁挪向陽光邊緣，連蝸牛也悠悠地移動著，還不忘留下一排細細的黏液，外婆家的銀杏黃了又綠，還有筆直的柏油路兩旁梧桐夾蔭，夏天，隨著風，捋下一些花瓣。我想這樣一種花雨殷殷的感覺恐怕是在娘胎裡就已嚮往了的吧。

嗯，都說夏夜是夢的多發地帶，那就讓芽兒慢慢地發吧——

一

初識夢味是在吃糖的時代。對童年的記憶零零碎碎，而常在腦中晃蕩的便是每年夏天的戲耍。那時舊城未拆，我們都還處在嘴裡含著棒棒糖、踮起腳尖才能聞到外婆家大型盆栽裡的花香的年齡。就我和姐姐，兩個乳臭未乾的孩子，穿著短衣短褲，拖著涼鞋，腳趾虎虎地張開，手拉著手，穿過大街小巷。風拂過臉龐，吹亂了頭髮，卻吹不散我們咯咯咯的笑聲。外婆不太理會我們的事，只有在飯香四溢時，扯著嗓子大喊回家吃飯了。那聲音久久迴蕩在青石板上，不能停息……

待餘暉將落，靜謐的壩子突然活躍起來——夥伴們相約爬上臺階，拿出早已準備好的肥皂水，一個接一個的泡泡浮起來，上陞到

一定高度，瞬間破滅，化成水珠像煙花一樣散落。我們嘲笑曬太陽的花貓伸著懶腰，我們議論著一樓老爺爺家魚缸裡哪條魚又吃到肚子鼓鼓的，我們天馬行空幻想著宇宙。慢慢，慢慢，天色暗淡下來──那些散佈在空中的小星點，我還無法叫出它們的名字，或者把它們排成星座，或者呆呆地望著，望到脖子開始發酸……

「你長大想當什麼呢？」

「宇航員啊，好帥的，你呢？」

「我想當醫生。」

……

像泡沫一樣，輕觸就破，或遙不可及，或不切實際，但總被埋藏在心底，作為成長中最有營養的一分子保存著。

二

再識夢味是在青春懵懂之時。再次拾起一顆糖，小心翼翼地剝開五彩的糖紙，臥室裡靜悄悄的，時間是一隻藏在黑暗中溫暖的手，一出神，恍惚之間，物走星移。脫下小涼鞋，轉而換上阿迪、耐克運動鞋。夏天，總能把氣氛推到風急浪高的地步，蓄勢待發，不斷超越，不斷奔跑。青春之夢，逐漸銳化，誰能說得清楚，這樣的萌是被鳥兒銜來的，還是被風吹來的呢？

十六歲的少年，總有個共同點，就是每天在鏡子前齜牙咧嘴地擠著青春痘。我們的胸口處總像燃著一團火，稍不注意，便憋紅了脖頸和臉頰，將整顆心的熱情都燒了起來，那灼熱的光芒耀眼無比！我們在狂風中擁抱，我們在暴雨中狂歡，我們在電閃雷鳴之時穿越整個森林，尋找屬於自己的天地！遠方，夕陽墜沉的地方，濺起大片銳利的霞光，令人無限傾倒，又感覺熾熱的痛。

都說這個年紀的我們看到落葉都會流淚，但不得不承認，我們比任何大人都嚴肅、瘋狂、有追求。

──讓暴風雨來得更猛烈些吧！

三

　　後識夢味或許要等到風雨過後。人，一個一個走掉，通常走得很遠，在很長的歲月裡，只有燈火閃爍，人聲鼎沸，進出雜沓人生，然後歸於沉寂。腳上的高跟鞋像是在不斷地催促著前進，而遊子之心，往往更為赤誠。那這時會夢些什麼呢？

　　若是實在要讓我想想以後的日子，我腦海裡只能浮現出：風兒撩過裙擺，靜靜地捧著一本小說，倚著樓下的那棵枇杷樹。母親說如今最大的幸福莫過於早晨有人搖手和你說再見，晚上回家書包扔在固定的角落，臭鞋塞在同一張椅下。等我到了母親那個階段，或許也和她一樣，追尋一種安安穩穩的日子，伴隨著簡簡單單的幸福——父母健康，兒女平安。除此之外，還能期待著什麼呢？恐怕只有樸實無華的生活了吧。

　　鳥兒歸巢時劃過天空，只留下一道弧線和幾聲翠鳴。歲月無痕，留下的也只有漣漪泛泛。到頭來，就像把所有色彩混合成木色做底，在紙上開出花兒朵朵……

　　時光，是停留還是不停留？記憶，是長的還是短的？一條河裡的水，是新的還是舊的？每一片繁花似錦，輪迴過幾次？是誰把歲月剪成煙花，一瞬間看遍人間繁華……令我惆悵不已的，令我若有所失的，令我心酸又心軟的，是已逝去的年華，是幼時的夢，是家門口的枇杷樹，還有其他什麼的。——我想現在我終於明白。

　　夢啊，夢啊，飄落的花瓣帶走了時間，也帶走了遷移的夢想。人生百態，我們不停地伸長手臂去觸動的東西卻在無形之中變幻莫測，那一個個夢想，能不能算作所走過的路的標記尺？回首遙望，原來，夢，一直都在，它便成了骨子裡最獨特的痕跡，成為記憶中的一個風鈴，時常搖響。

　　盛夏的夢，芽兒，慢慢地發……

有一天長大，突然發現過去的日子沉澱在那些隨風而逝的夢中，清晰而又遙遠。我的童年，我的少年，我的成長，一個一個的夢裝點我的記憶。小作者以輕鬆的筆調、清新的語言，帶我們回到那個屬於自己的夢中。

張順娟

我們都回不去了

曾 露

雲南省昭通第一中學

你有所念人，隔在遠遠鄉；你有所傷事，結在深深腸。

有那麼一個地方，你一直不敢回去。記憶好像是空空的，淡淡的，只要你不去細揪昨天，你就會是一個可愛的小孩。淺淺的記憶裡，嬌小的數學老師用把粉筆頭準確無誤地打中身邊的同學，卻溫柔地對你說：「到前面講臺上聽課吧！」你看，那時的你真的具有魔力，連老師都寵你。可年少的你怎麼會安靜地聽那乏善可陳的數學題啊。她意味深長地看你一眼，你用那雙小小的眼睛過濾了一秒，繼續沒心沒肺地張揚著，心中想著：我只是一個壞小孩，沒人要的孩子。然後等待那「好一朵美麗的茉莉花」奇妙無比的下課鈴。

那條路，即使閉著眼，你也不會迷路吧！小小的村莊，你的世界。

你愛戴著耳機，卻關掉音樂。一直不懂你這樣做的緣由，可後來漸漸明白了你的「自私」，這樣你可以對路上一些同學的招呼聲自然過濾掉，不是你孤傲，而是怕她們用同情的眼神看你。你知道，她們認為你一個人是孤獨的，孤獨是可恥的。可是，在那樣的環境中成長，使你早已不能融入人群了。

忘了說，你是一個留守孩子，從小父母不在身邊，是親戚討厭的「拖油瓶」。除了奶奶，沒人正眼看你，所以你不敢去與人相處。

漸漸的，你成了眾人口中孤獨的小孩。

回到村中，奶奶早已等在橋頭，你扯下耳機，綻放出屬於孩子的笑容。此刻的你，才是有溫度的生命吧！跟在奶奶身後，夕陽讓你們的影子交叉、重疊，最終融合了。奶奶打開綠色大門，進去時，你的笑容變得更燦了，只不過也有一種悲哀的自嘲在裡面吧。因為院子很大，彷彿昭示著它曾經的繁華與熱鬧，但如今，只剩下一老一少在守著空殼，等待著歸人，而歸人遲遲未歸。

飯桌上，奶奶總是把瘦肉夾到你碗裡堆起，還說：「老了，瘦肉嚼不動，還是肥肉好吃點。」如果你有預知未來的本事，我想你不會容許她這麼愛你吧！寵溺你的挑食，卻讓她患上高血壓，因此離開了你。飯後，你爭著洗碗，她意味深長地一笑走開了。看著她蹣跚的腳步，愛在心中蕩開。忘記了一切，歡樂的你在小屋裡唱歌。原本你以為最糟糕的一切已走到了盡頭，殘留的這點美好會伴你成長，長到你能夠主動掌握自己的幸福。只不過，這一切只是你以為而已。

那天，你聽到奶奶生病住院，頓時成了木偶，眼神黯淡了下去，雙手無力地下垂，把同學嚇得不輕。忙問你，怎麼了？你扯了扯嘴角，說沒事。轉身走開，淚如雨下。你不敢相信，那個拄著拐杖在橋頭看著你笑的人兒，朝夕間便被歲月抽去了精華。你那幾日總是恍惚著，總聽見有人在呼喚你，所以半夜睡著睡著就醒來，哭著哭著就到天明。最終你還是瞞著遠方的父母請假回到家。當你到門口時，準備好了的你還是被嚇愣在門口，二伯笑著讓你進門，你嚇得低著頭坐著，害怕被人看到眼底的淚水。

你聽到奶奶生病的消息是預測過千萬種情況，但始終不是躺在床上不能動，乾皺的皮膚包裹著骨頭，彷彿身上的脂肪一夕之間被誰抽走了。

晚飯，你像哄孩子般哄奶奶張口，奶奶眼神溫柔地盯著你，吃

下幾口，便搖搖頭。頓時，你的淚水又湧上了眼眶。晚上，你守在奶奶床邊，奶奶閉眼一夜未睡，你也一夜未眠。日子一天一天地痛苦下去，因為奶奶越來越虛弱了，夜間的呻吟聲越來越多了。白天你沉著臉、黑著眼在學校，而晚上卻笑盈盈地陪奶奶，告訴她，一切都會好的，要她陪你走上高中，大學……奶奶的眼睛濕潤了，你擦拭著，哄她入睡。那晚，她握著你的手，靜靜地離開了你。

你在奶奶墓前，撫摸著那冰冷的石頭，對它說：「你知道嗎？你離開了，從此我身旁再也沒有你的陪伴，我決定走了。」你帶著傷痛，背上行囊，遠走了。

從此，你以為你解脫了，可不知為什麼會在午夜裡感到不安，發現自己久久難以平靜。可有一條路你從未嘗試過，那就是回去，你最害怕的秘密，一定在最開始的地方。它一直在那裡，但你不敢回去。

兩年後，你終於再次背上行囊回到最初的那裡，因為學習，你重踏上那片土地。你以為你已經足夠鎮定了，早就練成了沉默的面色，即使泰山壓頂也風輕雲淡。但是，當面帶土黃色的老人用手拍著你的背，問你這兩年的生活時，你內心惶恐，腳不能動彈，心中卻強烈地想逃離。你害怕那塵封的記憶如怪獸般在腦海中怒吼，輕易地穿過每個細胞。你甚至忘了怎麼牽動面部神經去改變那如死灰一般的臉。你狠狠地低下頭，此刻的你彷彿是兩年前失去奶奶的小孩。但是，那麼久那麼久的時光，那麼深那麼深的夢帶你回來，看那歲月鍍上黯淡的墓碑，你終於不顧形象地哭了出來。

你走了很遠的路，可是你的根始終在那裡，這就是遠在他鄉的你總是不心安的緣由。每個人都有一道傷，那是你的天塌下來的地方。你在迴學校的路上塞上耳機，傳出：我們再也回不去了，對不對？

你懂，你這一生都在拼盡生命去尋找曾經，所以當初走的時候

你告訴自己，你們相守這麼多年，不過從今你與奶奶再也回不去了。但回首往日，你仍會心酸地為求而不得哭泣⋯⋯

每個人的內心深處總會有那麼一隅柔軟，傲岸不羈的外表只是心靈的掩飾。作者刻畫了一個「孤獨」不群的留守少年形象，奶奶的親情厚愛滋潤了他，並帶給他生活的一切美好。他在這份情感中經受成長的洗禮。生動的細節描寫，細膩的心理刻畫，豐富了人物，同時也體現了作者很好的語言能力和生活感悟能力。

張成仙

舞動人生

洪　瑞

雲南省昆明第一中學二〇一二屆
（現就讀於四川大學）

　　我一直擁有從指間射出的那束光，擁有我所愛的一切，從未失去，如初般溫暖。

——題記

二〇〇四年八月十日　晴

　　「今天收到藝術學院寄來的錄取通知書，太高興了，以後都可以痛痛快快地跳舞了，站在那方舞臺上，呵呵，不知道那會是怎樣美好的未來呢？爸爸送了我一雙紅色舞鞋。紅色，媽媽最喜歡的顏色，我穿著它旋轉的時候，您在天上，在笑著看著我吧？」

　　她叫汐，是我從小到大的好朋友，我們同一年進小學，同一所初中，又住在鄰近的社區裡，十幾年的春秋朝夕相處。而在她小的時候，母親就撇下了還在牙牙學話的汐，去了。聽媽說，汐的母親不僅為人賢慧，還是小鎮上有名的舞蹈演員。也許就是這個原因，汐從小就癡迷於舞蹈，有著比我們多一份的天賦。記得她總是對我說：「在我跳舞的時候，媽媽一定在天上看著我笑呢！」回想起她那時稚氣未脫的臉上噙著淚，倔強地笑著的表情，心裡不知是什麼滋味。接到藝術學院紅彤彤的錄取通知書時，她抱著我蹦呀跳呀，笑得好甜。

二〇〇六年五月五日　晴

　　「那方閃耀的舞臺，比我想像的更加精彩，站上舞臺的那一那，才知道燈光灑在身上是多麼的溫暖，幕布拉開前的黑暗將內心的激動輕輕按捺住，在音樂聲響起的旋律中，那份歡悅與期待如洪泉般噴湧，踮起腳步，將心裡的雀躍肆意地揮灑。就這樣，在舞臺上輕盈地旋轉著，我抬起手，燈光從指縫間溜過，一道光束從手中射出，我盡情地舞動著，我真真實實地擁有了這刻的閃耀，這方舞臺。如此實在的擁有……」五月五日，在她二十一歲時的公演，大家都去看了，她穿著舞衣抱著花束站在臺上，閃光燈下露出春天般明媚的笑容，似乎她本來就屬於那裡，屬於舞臺，那正是她的幸福，專屬青春與夢想的幸福。

　　可就在第二天，突然接到汐暈倒的消息。汐虛弱地躺在病床上，眼裡沒了往日的清澈靈動，眸子裡有的只是黯然，見到我來，她趕快收起眼淚，心裡莫名的恐慌再一次淹沒了我。在我的一再追問下，叔叔終於開了口，是葛列格里綜合症，是一種在二十世紀七〇年代初發現的遺傳病，隨著年齡的增長，腦神經會逐步死亡，先是關節不能活動，之後手腳也會漸漸失去運動機能，最後內臟功能也會喪失。汐的媽媽，也是在這樣的痛苦中離她而去的。

二〇〇九年十二月四日　晴

　　「冬日的暖陽灑在身上，是那麼溫暖，我在窗邊養了一盆花，看著花慢慢地開始抽芽。花，是那麼的頑強，被風雨侵襲也不曾彎腰屈服。在身體一點點僵化的日子裡，我越來越感覺到原來的我是多麼幸福呀。能在樹蔭投下的斑駁中奔跑，和朋友們沐浴在陽光下，並肩走過曲折的小巷。穿上舞鞋，在舞臺上翔翔，看裙邊泛起漣漪。我靜下來，想了很多。原來幸福並不是那樣虛無的名分，不是像獎狀、獎盃抑或是名次才是真正的，人不是抓著追逐到的真實的具象才算是真正的擁有。」

「我仰望天空，便擁有了那片廣闊的蔚藍世界；我聆聽音樂，便有了不同的心情與心路歷程；我握住柔嫩的花瓣，便擁有自然的生機，感受著生命的美好。我不再拘泥於追求舞臺所帶來的榮耀，不再成天抱怨命運對我的不公，因為那不是生命真正的擁有，我們赤裸裸地來到世上，最終化為一縷塵埃，再多的財富與榮耀也皆為空，而思想上的滿足與幸福才是真正的擁有。在人生漫漫旅途中，重要的不是目的地，而是沿途美麗的風景和看風景時的心情……」

「我抬起手，金色的陽光穿過我的手指，我又看到了那從手中射出的光束，原來那束光，從未離去。也許就快要走到生命的盡頭，但我感覺到生命的溫暖與希望從未離去，因為我真的擁有過，這生命的美好。」

汐的病情越來越嚴重，握筆的力氣也開始一分分地喪失。她每天都堅持在做康復訓練，與其說是康復訓練，對於我們來說，只是一些再簡單不過的動作的重複，抬腿、蹬腿，她努力地控制住身體，可身體像個孩子一樣不聽使喚，搖搖欲墜，但她每天都露出甜美的笑容。她說她雖然失去了舞臺，但她發現她其實擁有很多很多重要的東西，她是那麼的幸福。二〇一〇年三月十二日，她淺淺地睡去了，躺在床上安詳地走了，她的嘴角噙著淺淺的笑，床前的花獨自幽幽地散發出芬芳。

後來才知道，在她生命最後的日子中，她執筆為雜誌寫文章，用她的經歷、真摯的感情與不屬於病魔花季生命的堅韌，鼓勵著人們，讓更多的人擁有和她一樣的精神與快樂。明白我們所擁有的生命的價值與美好。生命中的擁有並不是虛無的功利抑或是物質上的充裕，是一種精神的滿足，是生命的高度和深度，是一個人在小小軀殼裡叫作靈魂的東西的光華。

她如向陽花般的笑容，最後留給我們的是她的幸福，證明著她來過、擁有過、滿足過。

一個不向命運屈服的少女，用生命的抗爭體現生命的價值，雖然最終還是死亡，但拼搏的過程足以鼓舞每一個人。而作者用日記與旁述交叉進行的敘事方式，更好地展現了人物經歷與內心活動。

吳春曉

一塊地的懷念

楊 旎
雲南省昆明第三中學

　　我曾經是一個被一塊土地環抱過的孩子。

　　奶奶家在東郊，房子帶著一個小院子。院子的中央是一棵石榴樹，我是極喜歡在樹下玩耍的。樹下是一個充滿樂趣的冒險島。蟈蟈、螞蚱、蚯蚓，是土地饋贈給我的禮物。還有可惡的蛤蟆，亦是土地給我的驚喜它的叫聲曾令我心驚，於是我「鞭其數十，驅之別院」。騎著大白鵝衝鋒陷陣，是我的拿手好戲，我玩得不亦樂乎。有土地寬厚柔軟的胸膛，我不怕摔倒，反而樂意四腳朝天，名正言順地躺在它的懷裡。

　　這座小院子背後，是幾塊莊稼地。土地是魔術師，一年四季，花樣翻新的表演，讓你眼花繚亂。

　　柵欄外面的莊稼地春夏長稻米，稻米收割前套種玉米，有時又種茄子，還不時地出現番茄。田頭地壟裡，你會驚喜地看見綠豆、紅豆、四季豆、芝麻，倭瓜、南瓜、絲瓜也會不期而遇，如果「刨根問底」，還會有落花生和土豆寶藏。

　　在我的記憶裡，土地永遠不會失去顏色土地的顏色就是莊稼的顏色。

　　春天，奶奶插下秧苗，土地就穿上了綠衣，是那種「草色遙看近卻無」的綠，綠得神秘；夏天，因為番茄的加入，土地變得熱

情，熾烈地燃燒；秋天，我最愛的就是秋天，秋天的土地是盛裝登場，衣著不再單調，南瓜、玉米的黃，紅豆、番茄的紅，茄子、芥菜的紫，綠豆、絲瓜的綠……土地被裝點得如彩虹般絢麗，一個光鮮亮麗的舞娘在碩碩果實的簇擁下，粉墨登場；冬天，土地本色亮相，暗黃的色彩，昭示著沉穩的性格，也預示著來年的豐收，看似平靜的表面下，一切蟄伏在土地內部，來年的生命在孕育。

我行走在田間地頭，看到的總是莊稼的事，聽到的總是莊稼的私語。

稻米抽穗，茄子、番茄掛滿枝幹，綠豆、紅豆的苗棵發蔓拖長，芝麻開花節節高，粉色白色的花一簇一簇的。倭瓜開了一朵花，結了一個瓜扭，玉米溢滿簍子，稻米灌鼓了麻袋，人心抹了蜜般的甜。那棵石榴樹更是開得火紅，紅色在枝頭流動，紅得讓我忍不住猜想，那灰色的麻雀一頭紮進石榴樹中，再出現時就應當是紅色。莊稼的豐收，石榴花的怒放，空氣裡熱烈蒸騰的氣息，炙烤著我，讓我著迷；植物動物的密語，讓我傾心。蒲公英說，它要遠行，做風的孩子；毛毛蟲說，它要蛻變，做美麗的蝴蝶；楊樹說，它要生長，做筆直的標杆……

莊稼、土地，就這麼靜靜地待著，陽光照遍，月光灑滿，星星看過，風兒拂過，雨兒洗過，蝴蝶飄過，蟲兒叫過……

我親近莊稼，融入它們的生長、繁衍，也悸動於生命的騰躍、奔跑和飛翔。我愛土地，看一眼這土地，內心就有了春色，是那種生的底色，也是心的底色。

可是啊，曾經環抱過我的這片土地，隨著城市的發展建設，早已淹沒在林立的高樓之下，不可復識其面目。城市這個渾身長滿水泥鋼筋和玻璃碎片的龐大怪物，不斷吞噬、咀嚼它觸手可及的土地，它把冰冷強硬的機器手伸向了奶奶的莊稼、土地，伸向了我的樂園，伸向了我心靈的綠地！莊稼地周圍插上了刺眼的五彩旗幟，

鋼鐵戰士佇立成軍，馬踏黃土，浩蕩而來。莊稼像一個弱女子遇到殘忍的強盜，馬上潰不成軍，支離破碎。土地的肌膚被劃開，鋼鐵的骨骼強行植入，柔軟的臂膀變得冷硬，不再溫和，不再純淨。幾隻揮動的機器手，就這樣將冰清玉潔的土地蹂躪。

鉅資搭建的高樓最終在這裡安營紮寨，野蠻殖民。面容冷漠的人們匆匆進出於叢立的高樓，為虛無的金錢、名利奔走於一個個封閉的空間，源源不斷、前赴後繼地奉獻上自己迷失在金光渙散的時代裡的靈魂和肉體。聳立的玻璃幕牆借著太陽的光芒耀武揚威，射向那一張張冰冷生硬的臉龐；道路兩旁的綠化樹憔悴低眉，原本鮮活的綠色，因城市的囚困而黯然消逝；汽車往來遊走，土地失去了原來莊稼具有的純淨的植物氣息，到處彌漫著失序放蕩的金屬味道。

美好的記憶只存在於最後佇立的玉米稈。土地失去了莊稼，農民失去了根，心靈的綠地也蕩然無存。一塊地，失去了莊稼，它的本性就泯滅了；一個人，失去了心靈，他的靈魂就消散了。肥沃的土地堆滿沙礫，滿眼的莊稼再無蹤影，到處是鋼筋混凝土的世界，到處是堅硬的地面與迷失的人心，土地、莊稼在現代的物欲面前痛苦而絕望地掙扎，道德、人性有的在罪惡的金錢誘惑下理所當然地消泯。

我不知道受傷的地什麼時候可以療愈傷痕，我不知道心靈的綠地何時可以復歸還原。即使復歸還原，迷失的心還可以純淨無瑕嗎？

伴隨著城市的發展，我們與自然越來越疏遠。這篇文章，先是通過寫自己在一片土地上的幸福生活，表達出自己對那片土地的懷念，其中如數家珍地敘說，喚起了我們失落許久的記憶。

所以當我們看到後文那片地被城市發展佔領後，一種揪心的痛從心底升起，為那片美麗的地，為我們越來越逼仄的心靈空間。整篇文章是對生活的真切體驗，是對生活的心靈化表達。沒有生活的基礎，沒有真切的體驗，是不可能寫得這般真切的。在生活中獲取寫作的靈感，在寫作中昇華自己的思想，讓我們看到了小作者對於生活的思考。初讀文章，有些〈從百草園到三味書屋〉的味道。小作者行文乾淨俐落、層次明晰，其中又包含了深刻的認識。

戴慶華

一路有你陪伴

梁藝馨

雲南省楚雄第一中學

　　綠野連空，天青垂水，我們攜手踏過青蔥歲月；盛景繁花，皓潔月華，我們並肩欣賞妙齡如花。長路漫漫，慶幸，有你的陪伴。

——題記

　　你和我總是這樣形影不離。

　　記得多少個天剛濛濛亮的早晨，你冒著寒冷的霧氣站在我家門口，等我一起去上學。被圍巾裹得嚴嚴實實的你，展著通紅的笑臉向我跌跌撞撞地跑來，拉住我的手，「星啊，小懶鬼！快點走吧！要遲到了喲！」你把我的手握得緊緊的，一陣暖流傳遍全身。記得多少個泛著金黃的餘暉，我和你手牽著手，說說笑笑，蹦蹦跳跳，回家的路上是你和我最開心的時光。記得多少個陽光明媚的日子，我們背著書包奔走在城市間，滿臉陰霾地從這個教室出來，又再次深呼吸滿懷信心走進另一個教室。多少個風和日麗的星期天，公園裡幽靜的竹林小道上，我們為了一個冰淇淋爭得面紅耳赤，最後你一口我一口把這「罪魁禍首」狠狠地消滅……

　　多少被歡笑塞滿的時光，多少個被陽光標記的日子，或去學校，或回家，或補課，或遊戲，我們在路上；或歡笑，或悲傷，或沉默，或喜悅，我們在一起。相片裡的你，總是帶著陽光般溫暖笑容；相片裡的我，總是心懷感激地挽住你的手；相片裡的我們，那

靜靜的默契彷彿就要從畫面裡躍出跳動。

你還記得嗎？那是專屬我們兩個不問世事的傻女生的旅行。我們的目的地是那個被綠色覆蓋的小山包，遠遠望去，能在這顆綠珠上找到一絲大地真正的顏色，實屬不易。

看著近的山，沿著山路卻不是那麼容易到達。暖陽漸漸顯得躁動清風漸漸顯得厚重，連我的車輪也被拖住，我們的行進越變越緩。再美的翩蝶舞紅芳，再美的紅杏鬧枝頭，都不能使我激動興奮了。儘管你如我一樣疲累，你卻一掃無力的容顏，笑著對我說：「星啊，無限活力的小星星啊，你回頭看看我們走過那麼多路，是不是很厲害？」看著高高繫起的小馬尾，聽你這樣的鼓勵，我使勁點點頭，重新振作起來！是，我們最厲害！

一路上，我們攜手恣歌，我們互相攙扶。只顧留心沿路美景的我，沒有留心腳下，一個不小心便被一個石子絆倒。膝蓋磨破了皮，我的眼眶忽然變得濕潤。你連忙跑來扶起我，連連問：「怎麼樣，哪裡受傷了？快和我說啊！」你的表情豁然凝重，我撲到你肩上，眼瞼再也鎖不住我的脆弱。在你面前，這一切都與自尊無關；在你面前，我的堅固防線毫無作用。

我的真實，我的脆弱，我的驕傲，我的一切，在你的面前全都顯露無遺。

在山頂時，面對著萬頃翠綠碧波，一望無垠的純淨天空，細細品著腳下的土地，被嫩綠的草苗濾下的瑣碎的光影，抑或是岌岌可危被時光掩埋的枯葉。我們和花香、草香一同滌蕩在春風裡，你感歎：「星啊，此情此景，能跟你一起吹吹風真好！」我的心一陣莫名的感動。你是否知道，能在茫茫人海中尋到你做我的好朋友，是我多大的幸運。你是否知道，若不是你在疲累時還給我關懷鼓勵，我會顯得多麼無助孤寂。你是否知道，若沒有你的貼心陪伴，哪得這般美景？你是否知道，這一路與你同行，對著上天的賜予，我將

一輩子心懷感激。此時此刻，能與你一起吹吹風，真好！

念及至此，昨日重現。無論走多遠，那些腦海裡永久的友誼，是我們的專屬記憶；無論走多遠，那個令我不會忘記，不敢忘記，深深不願忘記的幸福烙印，那個伴我一路溫暖，一路幸運，一路歡笑的青春記號，永遠是你。

慶幸。有你，是我一路最美的風景。

此文描寫真實細膩，情感真摯，「你」、「我」的言行和心理感悟交相輝映，突出了友情的美好可貴。

楊蔚蔭

又是清明雨上

申　娟

雲南省昭通第一中學高一年級

又是清明雨上，折菊寄到您身旁，把您最愛的歌來輕輕唱。一曲憂傷的歌，訴說著我無盡的思念。

——題記

窗外的桃花日漸凋謝，三月轉瞬即逝，不知不覺來到四月的門口，心裡驀然一驚，清明的雨聲叩響了心扉。

夜裡寒風乍起，我被雨聲驚醒。夢中醒來，窗外風雨大作，室友們均勻的呼吸聲彼此起伏，而我不敢再睡去，因為夢中的媽媽也一定在流淚吧！風中帶著憂傷，雨中夾著思念，在這個不平靜的夜裡，我的心中湧起千層浪，翻滾出無盡的懷想。

「清明時節雨紛紛，路上行人欲斷魂。」杜牧的詩又浮現在我的腦海，又一個清明時節，又一個緬懷親人的日子，而我今日才真正地理解「雨紛紛」的特殊韻味，真正理解「欲斷魂」三個字的特殊含義，真正理解「子欲養而親不待」的深深痛楚。二〇一二年，世界末日沒到，而我的家庭卻走到了世界的盡頭——父親突然離世！這成了我們全家人永遠的痛，所有的歡聲笑語都定格在父親入土的那一刻。撕心裂肺的哭聲，聲嘶力竭的喊聲，頓足捶胸的哀聲，霎時天空烏雲蔽日，山河彷彿也為我們嗚咽，家的世界天崩地裂了。我們幾兄妹呼喊著，「爸爸，不要丟下我們！」

雨一直下，放任思緒蔓延，一段段昔日的畫面不斷衝擊著我的心海，回憶時，歷歷在目。此時我的思緒在那中考體育的賽道上停了下來。父親為人謙和，唯獨對我們幾個兒女要求嚴格。自記事起，父親嚴厲的形象就深深烙印在我的心裡，此後我們凡做什麼事都小心謹慎，不敢越「雷池」半步。直到初三畢業那年，我才真正懂得了那份沉默的父愛。記得那時正值四月農忙時節，母親脫不開身，便叫您陪我進城參加體育中考。當時我真的很不情願，因為我會感到有壓力，有拘束感，但我沒有勇氣反對。汽車飛快地駛出一座座山峰和一片片樹林，一會兒工夫就到了城裡。那天的太陽肆無忌憚地炙烤著大地，我們走在大街上，我對城裡的一切都充滿了新鮮感，到處東張西望，而您只是一個勁地問我：「渴不，餓不，累不累？……」爸，那天是我們父女倆第一次面對面吃早點，而且吃得那麼開心，您一邊吃還一邊給我講笑話，其實我知道您是怕我下午考試緊張。

去考試的路上，您突然牽起我的手，牽我走過了紅綠燈，牽我穿過了擁擠的人群。長這麼大，我從沒有見過您牽過媽媽的手，而今天您卻牽著我走過了大街小巷，我真的感到很幸福。下午的考試總算是到了，我吃的喝的您全考慮到了，而我靜靜地看著您為我忙這忙那，不知道該說些什麼。隨著口哨的一遍遍吹響，終於輪到我考了，您那時只是握著我的手，拍拍我的肩膀，給我一個堅毅的眼神，我在您的眼神中讀出了鼓勵，更讀出了期盼。耳畔的風颯颯作響，我知道您在為我加油，您就在終點等我。

儘管很累，但是只要抬頭看看您那堅毅的眼神，我就肯定地告訴自己：這不算什麼！最後我以三分二十七秒的成績奪得了全班第一。當我躍過終點線的那一刻，一雙手突然扶住了我，父親，我知道是您。當時您把我擁入懷裡，我在您懷裡急促地喘氣，那個時候，我已分不清臉上滾燙的液體，到底是自己的汗水，還是您喜悅

的淚滴？

　　父親，我知道您非常疼愛女兒，只是不善於表達而已。而我在您面前……

　　記得我第一次離開家上高中的那天，您站在路口那裡沒有說話，當時我心裡有好多話想對您說，可話到嘴邊卻變成了：「爸，您回去吧！我會努力學習，我會好好照顧自己的！」當車子駛過拐角，我能感覺得到您此刻一定還站在那裡眺望，群山擋住了您的視線，卻擋不住您那份深深的期盼。可有誰能想到，那一別竟是永別了！

　　還記得全家一起日出而作、日落而息的春夏秋冬；還記得每逢中秋佳節月圓之夜，全家團團而坐歡飲暢談的分分秒秒；還記得年年月月全家在一起的點點滴滴……雖然這些都是小小的幸福，但是我已不能再擁有了，現實告訴我，這些溫馨美好的畫面再也不會出現在我的家庭裡。或許，這以後，成長的路上我會習慣沒有您的日子，媽媽會習慣沒有您在身旁的孤獨。可人生的下一站，高考的紅綠燈誰牽著我的手走呢？今後又有誰牽著我走過漫長的人生之路呢？爸爸，倘若您在天有靈，女兒多麼想在以後的日子，是女兒牽著您的手一直走下去啊！

　　雨，依舊下著；淚，不爭氣地流著，碎成無數的淚花綻放著，那樣淒美。或許再多的言語也無法詳盡描述那段令人難忘的日子，更無法完美詮釋那份沉默的父愛，逝者已去不可追，父親不會再回來了，只能活在我的腦海裡，活在我的記憶中。

　　有人說，世間的人好比天上的繁星，只要有一個人離世，天上的星星就會隕落一顆，而我卻認為，黑夜的時候，父親會變成群星中最亮的一顆，高懸在夜空中，伴我度過每一個燈下苦讀的日子，讓我在黑夜的時候不再感到孤單，在苦悶的時候不再感到彷徨。父親，今年的清明節，因為學習緊張，我不能回去給您焚燒紙錢，不

能回去為您鳴炮祈禱、叩頭禮拜了，您在天堂一定要好好地照顧自己，待到白髮換青絲的輪迴。我們一定會孝順媽媽的，一定會讓媽媽過上更幸福的日子的！三年高中苦讀後，我一定用最優異的高考成績來回報您，來回報媽媽，回報所有關心愛護我們的好心人！

　　風依舊在窗外哀號，雨依舊在窗外纏綿。父親，就讓今夜這欲斷還續的雨絲捎去我對您深深的祭奠吧！

　　我在人間彷徨，尋不到您的天堂，東瓶西鏡方恨不能遺忘；又是清明雨上，折菊寄到您身旁，把您最愛的歌來輕輕唱……

　　這是一篇正視苦難的悼文。開篇如詩詞的意境，語言底色卻寒氣迫人，接著在靜靜述說中展開對父親的回憶。其間一個農村女孩的心事漸漸被還原：請父親原諒那不曾大聲說出的愛。失去父親的孩子多麼清晰地品味著苦難，卻也堅強成長。於是說出冷峻得讓人揪心的話語：「我會習慣沒有您的日子，媽媽會習慣沒有您在身旁的孤獨。」作者文筆猶如山間野菊，樸直但倔強。就在這種冷峻的哭泣中，一個「用筆書寫人生的生命」慢慢被托舉！

鄢朝方、胡　青

轉身那一刻

李 璿

雲南省曲靖第一中學二〇一〇屆

（現就讀於北京大學）

　　朱自清先生曾在〈背影〉裡用了人間最細緻的筆觸描摹了父親那個並不高大甚至還有些笨拙的背影。那個矮胖溫和的父親在他轉身那一刻給朱自清先生留下了極為深刻的印象，從而寫出了這篇使無數人為之動容的美文。

　　許多人認為臉是人類最好看的地方，因為它可以做出不同表情來表達喜怒哀樂。正因如此，那些美麗的臉蛋上往往都是經修飾加以控制的表情，而非人真實感情的寫照。背影卻不然，極少有人能夠在轉身那一刻還對自己的感情加以掩飾。這可能是〈背影〉真正感人的地方。那個父親的背影，沒有豪言壯語，沒有豐功偉績，有的只是一腔對兒子無私的愛。

　　細細想來，有多少個我們生命中曾經親密、喜愛、關懷的人已經成為茫茫人海中那一個沉默的背影。我依舊記得幼時的夕陽、搖晃的秋韆和空氣中飄浮的飯菜的香味。而那個和我在一起的面孔卻早已模糊，連同名字一起被歲月磨去，變成一個隱約的身影。我仍然保留著小學時的作業本，那上面每一勾、每一叉都還鮮紅地閃耀著，彷彿是昨天才寫上去的。可是對於那個在夜晚昏黃燈光下，伴一支香煙或一杯濃茶畫下這些痕跡的人，我能記得的只有一抹淡淡的背影。但他們卻又都真真實實地存在過，在他們轉身那一刻，用

他們自己的方式在我的生命中刻下只屬於他們的、永不磨滅的印痕，比如習慣地為某一人留一顆糖、半個水果，又比如某時人群中閃過的那一個似曾相識的背影。

有人說懷舊是老年人才該幹的事，青年應當面向未來。我自認並非一個戀舊的人，也沒有早衰到終日沉溺在回憶中不能自拔。但偶而停下來想一想，在我短短的十七年的人生旅途中，的的確確有許多人被遺忘了，又被我以另一種方式永遠記住了。

說起這些，我總會想起我的爺爺。我很不願意和別人談起我的爺爺，不是因為他是一個一生生活在大山深處面朝黃土背朝天的農民，而是因為很多時候他給我的感覺就像是一個因為過於拘束而引起我注意的陌生人。我在八歲之前都還不能從人群中認出他，之後對他的記憶也只有幾個零散得不成情節的片段。

我記得他在春節的餐桌上喝酒時一笑就露出他僅有的兩顆門牙；我記得他總是抽著旱煙用我聽不懂的家鄉土話一遍遍重複幾十年前枯燥的老故事；我還記得他在上樓梯時總要在三樓停一下，咳嗽幾聲，等喘過氣來後又緩緩往上走到我家所在的五樓。我想我並不喜歡他，也不討厭他。更多的時候，我都在以一個旁人的姿態去看他。

而我對他最後的印象，則是拘謹地坐在遺像中的老人。出殯那天，我的堂哥捧著爺爺的遺像走在隊伍的最前面，後面是爺爺的棺材，再後面是一群哭得震天動地的我不認識的親戚和吹著找不著調的曲子的嗩隊。我走在隊伍的最後，沒有哭。在隊伍繞村子走了一圈之後，爺爺的棺材就要上山了。我站在岔路口，望著那越行越遠的黑色箱子，突然有了一種奇怪的感覺。那種感覺是眼淚、文字所不能形容的，不是外來的，而似乎是一種與生俱來的深深刻入我骨骼的東西。畢竟很多時候，人都很吝惜自己的感情，直到有一天轉身那一刻才露出一絲不捨。

佛曰：前世五百次的回眸才換來今生的擦肩而過。而那些在我們生命中留下印記的人則更值得我們去珍惜。

感謝那些曾經經過我生命又默默無言轉身離開的人。感謝那些讓我生命充實的無數的轉身的一刻。

（本文獲二○○八年第四屆「恆源祥文學之星」中學生作文大賽省級一等獎）

寫親情的文章汗牛充棟，雷同者多矣。此文的寫法卻有不同之處，有對親情的細節刻畫，但更多的是領悟。平實的鋪敘中蘊涵著濃濃的情意，普通的素材中挖掘出了耐人尋味的意蘊，文筆生動，情感真摯，有感染力。

陳　彪

筆尖上的成長　A0900008

筆尖上的成長：名師帶你讀作文　卷二　上冊

編　著	戴慶華、蔣文
責任編輯	蔡雅如
發 行 人	陳滿銘
總 經 理	梁錦興
總 編 輯	陳滿銘
副總編輯	張晏瑞
編 輯 所	萬卷樓圖書股份有限公司
排　版	菩薩蠻數位文化有限公司
印　刷	百通科技股份有限公司
封面設計	菩薩蠻數位文化有限公司

出　版　昌明文化有限公司

桃園市龜山區中原街 32 號

電話　(02)23216565

發　行　萬卷樓圖書股份有限公司

臺北市羅斯福路二段 41 號 6 樓之 3

電話　(02)23216565

傳真　(02)23218698

電郵　SERVICE@WANJUAN.COM.TW

大陸經銷

廈門外圖臺灣書店有限公司

　電郵　JKB188@188.COM

ISBN 978-986-94911-9-8

2017 年 5 月初版

定價：新臺幣 320 元

如何購買本書：

1. 劃撥購書，請透過以下郵政劃撥帳號：

　帳號：15624015

　戶名：萬卷樓圖書股份有限公司

2. 轉帳購書，請透過以下帳戶

　合作金庫銀行　古亭分行

　戶名：萬卷樓圖書股份有限公司

　帳號：0877717092596

3. 網路購書，請透過萬卷樓網站

　網址 WWW.WANJUAN.COM.TW

大量購書，請直接聯繫我們，將有專人為您

服務。客服：(02)23216565　分機 10

如有缺頁、破損或裝訂錯誤，請寄回更換

版權所有·翻印必究

Copyright©2016 by WanJuanLou Books CO., Ltd.

All Right Reserved　　　**Printed in Taiwan**

國家圖書館出版品預行編目資料

筆尖上的成長：名師帶你讀作文. 卷二 ／ 戴
慶華, 蔣文編著.-- 初版.-- 桃園市：昌明文
化出版；臺北市：萬卷樓發行, 2017.05
　冊；　公分
ISBN 978-986-94911-9-8(上冊：平裝). --
1.漢語教學 2.作文 3.中等教育
524.313　　　　　　　　　106008396